CHRISTIAN BISCHOFF

Bewusstheit

ARISTON

Sollte diese Publikation Links auf Webseiten Dritter enthalten, so übernehmen wir für deren Inhalte keine Haftung, da wir uns diese nicht zu eigen machen, sondern lediglich auf deren Stand zum Zeitpunkt der Erstveröffentlichung verweisen.

Bibliografische Information der Deutschen Bibliothek
Die Deutsche Bibliothek verzeichnet diese Publikation in der Deutschen Nationalbibliografie; detaillierte bibliografische Daten sind im Internet unter http://dnb.de abrufbar.

Verlagsgruppe Random House FSC® N001967

4. Auflage
© 2020 Ariston Verlag in der
Verlagsgruppe Random House GmbH,
Neumarkter Straße 28, 81673 München
Alle Rechte vorbehalten
Redaktion: Maria Koettnitz
Umschlaggestaltung und Grafiken im Text:
Jessica Sanders, Christian Bischoff LIFE GmbH, Oberursel,
unter Verwendung eines Fotos von Manuel Debus, Wiesbaden
Satz: Satzwerk Huber, Germering
Druck und Bindung: CPI books GmbH, Leck
Printed in Germany

ISBN: 978-3-424-20234-2

Inhalt

Was ich dir mit diesem Buch schenke 9

1 Wie du der Mensch wirst, der du sein möchtest 19

   Von innen nach außen 23
   Bewusstheit ist etwas anderes als Bewusstsein 25
   Es steht dir zu, du bist es wert!...................... 27
   Jeder Mensch ist etwas Besonderes, auch du............ 28
   Deine Gedanken erschaffen deine Realität – immer!..... 30
   Alles ist möglich, wenn du es willst 32
   Die Schlüsselfragen deines Lebens 33
   Haben und Sein – worum geht es? 35
   Gewinnende Menschen mit Charisma.................. 38
   Auch du bist ein Meister 43
   Die mentale Technik der Imagination 45
   IMAGINATION 1 – Wer-und-wie-ich-wirklich-sein-möchte 49

2 Der Glaube macht dich zum Zauberer........... 51

   Wie du dir deine Wahrheit erschaffst 54
   Der Glaube steuert dein Handeln 55
   Wo ist aktuell deine Glaubensgrenze? 64

3 Intuition – ein wertvoller Wegweiser 65

4 Wertschätzung beginnt bei dir selbst 71
Ob das Leben *für* dich ist, entscheidest du selbst 75
Angst und Vertrauen – zwei intensive Grundgefühle 77

5 Nutze den Magnetismus für dich 81

**6 Drei Schlüssel für
deine Persönlichkeitsentwicklung** 91
Schlüssel 1: Dankbarkeit erreichen 91
IMAGINATION 2 – Dankbarkeit empfinden 96
Schlüssel 2: Emotionen tief erleben 100
Schlüssel 3: Sich selbst positiv bestätigen 105

**7 Weg der Wandlung –
den Blickwinkel verändern** 109
Ergreife deine Chance – die ganz besondere 114
Wie ich selbst meine Chance erkannte 116
Warte nicht, sondern werde aktiv! 119
Der Dreisatz für den Umgang mit Gefühlen 120
Schmerzhafte Trauer und heilender Dank 128
Persönliche Kritik zum Guten wenden 134

**8 Selbstvertrauen –
die Macht der inneren Stimme** 137
Der Einfluss der Eltern auf die innere Stimme des Kindes 141
Lass geschehen, was du nicht steuern kannst! 145
Die missverstandene Elternrolle 150
Dein Weg zur positiven inneren Stimme 153
VIDEO – Deine neue innere Stimme trainieren 160
ÜBUNG – Selbstvertrauen: Deine neue innere
Stimme trainieren 161

**9 Erfüllt sein, Glücksmomente erleben –
egal, was passiert** 163
Möchtest du glücklich sein? 168
Das Glücksversprechen, das du dir selbst gibst 172
Die Chancen erkennen 174

10 Der richtige Umgang mit dir selbst 179
Die vier Schritte zur Selbstakzeptanz und Selbstliebe 185
SCHRITT 1: Nimm dich selbst an, wie du bist 187
SCHRITT 2: Handle im Bewusstsein, dich selbst zu mögen 189
SCHRITT 3: Werde ehrlich dir selbst gegenüber 193
SCHRITT 4: Das eigene Handeln korrigieren 196
IMAGINATION 3 – In die tiefe Selbstliebe kommen 199

11 Werde innerlich frei für dein neues Leben 201
Öffne dein Herz und empfinde Lebensfreude 208

12 Der Weg zur Herzensstimme 215
IMAGINATION 4 – Die Herz-Imagination 217

Was ich dir noch sagen möchte 219

Was ich dir mit diesem Buch schenke

Die Grundlage unseres Lebens auf dieser Welt ist das Gesetz vom Gewinnen oder Verlieren. Es ist tief eingeschrieben in unsere Gene, in unser Erbe. Die Entwicklungsgeschichte alles Lebendigen folgt seit Urzeiten diesem Gesetz: gewinnen, überleben und fortbestehen oder verlieren, sterben und verschwinden. Es ist das Prinzip der Evolution.

Wir leben bis heute nach diesem Gewinnen-oder-verlieren-Prinzip: Wir wollen überleben. Dann wollen wir sicher sein. Wir wollen andere übertrumpfen. Wir wollen besser sein als die anderen.

Und fast jeder von uns hat unbewusst verinnerlicht: Wenn es mir besser gehen soll, kann ich dies nur auf Kosten der anderen erreichen.

Die Basis dieses Gewinnen-oder-verlieren-Prinzips, sein Nährboden, ist eine einzige Emotion – die Angst:

- die Angst, nicht überleben zu können, nicht genug zu haben;
- die Angst, nicht gut genug zu sein;
- die Angst, nicht mehr dazuzugehören, soziale Bindungen zu verlieren.

Oft verdrängen wir unsere Angst und ersetzen sie durch Gier. Die Gier nach mehr Anerkennung, mehr Macht, mehr Ruhm, mehr Geld, mehr Likes, mehr Followern – eine lebenslange Gier nach mehr, mehr, mehr. Es ist nie genug.

Wettbewerbsvorteile zu erlangen und andere zu besiegen ist zur primären Triebfeder unseres Handelns geworden:

- Wir übervorteilen unsere Mitmenschen bei Geschäften.
- Wir sagen ihnen nicht die Wahrheit.
- Wir wollen möglichst einfach zu Geld kommen.
- Wir wollen möglichst viel für möglichst wenig Gegenleistung bekommen.

Viel von dem, was auf unserer Welt geschieht, in unserem Umkreis, aber auch global, folgt dem Gewinnen-oder-verlieren-Muster:

- der Kampf um Macht und Herrschaft;
- der Kampf um Ressourcen wie Öl, Gas, Wasser, Bodenschätze;
- der Kampf um Land und Meere;
- der tägliche Kampf um Behausung, Nahrung und soziale Teilhabe;
- der Kampf um Geld, Macht und Anerkennung in Beruf und Gesellschaft und sogar im privaten Netzwerk.

Gewinnen kann immer nur einer, der andere verliert. Die Erfahrung, nicht gewinnen zu können, schwächt unser Selbstvertrauen, oft so sehr, dass wir uns minderwertig fühlen. Dass wir meinen, nichts mehr wert zu sein. Dabei fallen wir nur – wie fast alle unsere Mitmenschen – einem falschen Denken zum Opfer. Denn was uns vom Rest der Schöpfung unterscheidet, ist unsere Fähigkeit, uns *bewusst* zu werden über uns selbst, unser Denken und Handeln.

Wir müssen nicht Opfer unseres »wilden« Instinkts sein. Und wir müssen nicht Opfer von Glaubenssätzen sein, die uns anerzogen werden, und das »wilde« Prinzip des Gewinnens und Verlierens von der unbewussten Natur kopieren.

Denn der Instinkt, gewinnen zu müssen, leistungsstark sein zu müssen, um mithalten zu können, ist nicht nur in unseren Genen festgeschrieben. Die Überzeugung »Du musst gewinnen« wird uns ausdrücklich von Kindesbeinen an infiltriert. Fast alle von uns leben nach diesem Gebot, mit großen Folgen für unsere Seele und unseren Körper: negativer Stress, Ruhelosigkeit, Konkurrenzdenken und

Mangelempfinden, Minderwertigkeitsgefühle, Depression, Burn-out, chronische Krankheiten.

Und unsere Urangst, tief in unserem Unterbewusstsein, wird Tag für Tag unbewusst aktiviert: die Angst, nicht mehr dazuzugehören.

Weil wir uns selbst retten wollen, um jeden Preis der Gewinner sein wollen, scheint es uns wichtiger:

- gleichgültig und kalt zu sein als einfühlsam und empathisch;
- ruhelos nach Anerkennung von außen zu streben, statt uns selbst wertzuschätzen;
- rastlos unser Tagesgeschäft zu erledigen, statt Ruhe in uns selbst zu finden;
- endlos zu konsumieren, statt wahren Reichtum in uns zu entdecken;
- für finanziellen Lohn alles zu tun, statt eigenen Werten und Prinzipien zu folgen und Rückgrat zu zeigen.

Kurz vor Covid-19 hatte dieses Treiben seinen Höhepunkt. Dann kam ein kleines Virus und hielt bewussten Menschen den Spiegel vor. Denn die allermeisten von uns nehmen an diesem Spiel unbewusst teil. Sie sind Sklaven ihrer eigenen Gedanken. Jede Sekunde poppt ein Gedanke auf in ihrem Kopf, und sie meinen, dieser sei »Realität«. Sie folgen den Einflüsterungen aus Kindheitstagen ein Leben lang: Angst, Sorgen und andere negative Emotionen werden sie chronisch quälen. Wer Sklave seines eigenen Geistes ist, der ist im Gewinnen-oder-verlieren-Spiel gefangen. Wer nicht aufpasst, den frisst der tägliche Konkurrenzkampf auf.

Wir müssen uns dieses Spiel bewusst machen und zu uns selbst zurückkehren.

Was ist mit dir?
- Willst du dieses Spiel wirklich mitspielen?
- Weißt du, wer du wirklich bist?

- Weißt du, wie du wirklich leben möchtest?
- Weißt du, was die drei Sachen sind, die dir mehr bedeuten als alles andere?
- Weißt du, was der Sinn deines Lebens ist?

Ja, es ist möglich, du kannst Antworten finden, warum du auf dieser Welt bist. Du kannst Klarheit und Ruhe in dir selbst finden. Du kannst erkennen und verstehen, dass du das Gewinnen-oder-verlieren-Spiel nie wirklich gewinnen kannst.

Dazu brauchst du *Bewusstheit*. Sie ist das Ziel einer Reise, zu der ich dich in diesem Buch einlade.

Bewusstheit zu erlangen bedeutet, Achtsamkeit gegenüber den eigenen Gedanken, Gefühlen und Reaktionen zu verinnerlichen, genau zu wissen, wer und wie du wirklich sein willst, was dir wichtig ist und warum es dir wichtig ist.

Hast du erst einmal *Bewusstheit* erlangt, so wirst du erkennen, dass du frei bist, weil du dich befreit hast von belastenden Gedanken und Gefühlen, die dich jetzt noch beherrschen und deinen inneren Dialog bestimmen. Du musst nicht Sklave deiner Gedanken und Gefühle sein, sondern kannst achtsamer, neutraler Beobachter werden. Mit *Bewusstheit* wirst du selbst bestimmen, welche Gefühle und Gedanken Einlass finden in dein Herz und dein Denken.

- Du wirst Gedanken bewusst wahrnehmen, beobachten und reflektieren;
- du wirst negativen Gedanken nicht erlauben, Emotionen in dir wachzurufen, die dir schaden;
- du wirst Gedanken in eine andere, von dir gewünschte Richtung lenken können, die neutral oder positiv ist, die dir guttut.

Mit Bewusstheit werden nie wieder negative Gedanken und Gefühle deinen Geist und Körper fluten.

Wahrnehmungen, die unbewusst und blitzschnell Emotionen in uns hervorrufen, gehen dem Denken voraus. Bevor uns im Kopf bewusst ist, was wir wahrnehmen mit unseren Sinnen, wirkt das von uns Wahrgenommene unterbewusst und löst Emotionen in uns aus.

Sobald du die Fähigkeit beherrschst, Bewusstheit zu erlangen, weißt du, dass jedes Gefühl, das in dir aufsteigt, einfach durchlebt werden darf und nach einer Zeit auch wieder verschwindet.

Das heißt, du musst in emotionalen Momenten keine unüberlegten Kurzschlusshandlungen begehen, die du wenig später bereust. Sondern du gehst durch Emotionen einfach hindurch, beobachtest, welche Bilder und Gedanken in deinem Kopf diese Gefühle erzeugt haben.

Und du beginnst damit, diese Bilder und Gedanken durch bessere Bilder und Gedanken, die bessere Gefühle erzeugen, zu ersetzen.

Ein Mensch ohne Bewusstheit identifiziert sich oft mit seinen Emotionen. Er meint, er *sei* dieses Gefühl selbst, und verkündet im Alltag dann sein Empfinden mit Aussagen wie »Ich bin wütend«, »Ich bin einsam«, »Ich bin ängstlich«.

Er erkennt nicht, dass jede Emotion kommt und wieder geht und dass die allermeisten davon im eigenen Kopf ausgelöst wurden.

Bewusstheit ist also die Grundvoraussetzung, um zu verstehen, warum du tust, was du jeden Tag tust; warum du dich so fühlst, wie du dich fühlst. Und wie du deine Gedanken und Vorstellungen so beeinflussen kannst, dass du dich so fühlst, so handelst und so lebst, wie du es dir wünschst.

Bewusstheit führt uns aber noch zu einer weiteren Erkenntnis:

Wir stehen gegenwärtig vor den vielleicht größten Herausforderungen der Menschheitsgeschichte. Um unsere Welt und gesellschaftliche Strukturen positiv voranzubringen, bedarf es eines massiven Bewusstseinswandels – in jedem Einzelnen von uns. Der Schlüssel ist, zu verstehen, dass wir nicht voneinander getrennt sind und nicht miteinander in Konkurrenz stehen – auch wenn uns das schon von klein auf durch ökonomisches Leistungsdenken in Schule, Beruf und Gesellschaft beigebracht wird: »Du musst fleißig sein; Leistung erbringen; besser als die anderen sein, um gutes Geld zu verdienen; dich gegen andere durchsetzen; zeigen, was du für tolle Dinge hast und besitzt.«

Der Bewusstseinswechsel besteht darin, zu verstehen, dass wir alle miteinander verbunden sind und jeder Einzelne von uns etwas in der Welt bewegen kann.

Warum ist das richtig und wesentlich?
Lass uns ein Gedankenexperiment vornehmen:

- Um Frieden auf der Welt zu haben, brauchen wir Frieden auf jedem Kontinent.
- Um Frieden auf jedem Kontinent zu haben, brauchen wir Frieden in jedem Land eines Kontinents.
- Um Frieden in einem Land zu erreichen, brauchen wir Frieden in jeder Gemeinde.
- Und um Frieden in jeder Gemeinde zu realisieren, brauchen wir Frieden in jeder kleinen sozialen Einheit, in jedem Haushalt und in jeder Familie.
- Um Frieden in jeder Gemeinschaft und Familie zu erreichen, brauchst *du* Frieden *in dir selbst*.

Der einzige Ort, an dem Weltfrieden beginnen kann, ist in dir selbst.

Das gleiche Gedankenexperiment kannst du mit Glück, Liebe, Dankbarkeit, Empathie und allen anderen positiven Emotionen vornehmen.

Der Ursprung von allem Guten ist in uns selbst.

Das heißt, um persönlich voranzukommen, um unsere Gesellschaft und unsere Welt zu retten, brauchen wir den Blick nach innen.

Du richtest deinen Fokus nicht mehr nur auf das Äußere, sondern auf das Innere. Du schaust nicht in die Vergangenheit und auch nicht in die Zukunft. Du erlebst die Gegenwart, das Hier und Jetzt.

Du verbringst Zeit in der Stille, imaginierst Bilder und machst Achtsamkeitsübungen. Damit stellst du eine innige Verbindung zu deinem wahren Empfinden her, zu deinem Herzen, deiner Seele. Du schlägst eine Brücke, nicht nur zu anderen Menschen, sondern auch zur Natur, zur Welt, in der du lebst. Du empfindest Empathie, du fühlst und spürst das Wunder unseres Daseins, das Wunder der Schöpfung.

Astronauten berichten, dass sich, als sie im Weltall waren und ihren Blick achtsam und bewusst auf den Blauen Planeten gerichtet haben, Ihr Denken und Fühlen verändert hat: Wenn sie die Erde zum ersten Mal vom All aus sehen, erkennen sie, dass es aus dieser Perspektive keine Grenzen gibt: Sie sehen keine verschiedenen Kulturen; sie sehen keine unterschiedlichen politischen Systeme. Sondern sie sehen eine leuchtende Kugel des Lebens, die perfekt, die vollkommen ist.

Viele Astronauten berichten von der Erfahrung, eins zu sein mit dieser Welt, ein Empfinden, das sie zutiefst bewegt. Das ist genau der Bewusstseinswandel, den wir auf dieser Welt benötigen, um eine bessere Zukunft zu schaffen und unser Überleben zu sichern. Diese Zukunft findet jeder von uns nur *in sich selbst*.

Der deutsche Astronaut Alexander Gerst beschrieb, wie nachdenklich es ihn gemacht habe, aus dem All die dichte Besiedelung und die Umweltschäden der Erde zu sehen. Ihn haben die riesigen Abholzungsflächen im Amazonasgebiet, der »grünen Lunge« der Erde, erschreckt. Wichtige geopolitische Entscheidungen, etwa auf Klimakonferenzen, würden anders getroffen, meint er, wenn die Beteiligten selbst aus dem All auf die Erde blicken könnten. Dann würden sie sicher begreifen, wie sehr alles auf unserem Planeten mit allem zusammenhängt.

Was ist geschehen mit uns, dass wir es noch nicht begriffen haben?

Wir sind wie Blinde umhergeirrt, und viele von uns tun es immer noch. Auf der Suche nach Sinn und Erfüllung haben wir uns die Natur untertan gemacht. Wir haben alle Berge bestiegen, wir haben die entlegensten Winkel der Erde besucht, wir sind in die Tiefen der Weltmeere abgetaucht und haben sogar den Mond betreten.

Dennoch sind wir nicht glücklicher geworden, sondern haben Raubbau betrieben an der Natur und an uns selbst: Unzufriedenheit, Stress und Unruhe sind die Folgen.

Wir können nicht die Verantwortung für Entscheidungen und Handlungen aller Menschen übernehmen. Doch wir sind in der Lage, für uns selbst einzustehen, für unsere eigene Weiterentwicklung:

Dieses Buch hilft dir, genau das zu tun: Glück, Erfüllung, Zufriedenheit, Ruhe und inneren Frieden in dir zu finden. Das Mittel auf der Reise dorthin ist die *Imagination*. Dafür brauchst du nicht viel, außer deine Augen zu schließen, dich auf dein Inneres zu konzentrieren und deine wahre innere Stimme zu hören.

Die Veränderung beginnt in jedem Einzelnen von uns. Ich begleite dich auf der Entdeckungsreise zu dir selbst.

Du wirst dich verändern:

- Deine Ruhe wird deine mentalen Belastungen auflösen;
- du wirst Kraft erlangen;
- dein Vertrauen in dich und in das Leben werden dich strahlen lassen;
- du wirst gelassener und geduldiger werden;
- du wirst Empathie für andere empfinden und dafür geliebt werden.

Wenn du dies alles in dir selbst entdeckt hast, gelangen Ruhe, Frieden, Liebe, Zufriedenheit und Glück, von dir ausgehend, in deine Familie, deine Gemeinde, deine Stadt, dein Land, deinen Kontinent und in die Welt.

Wenn du dich selbst heilst, heilst du gleichzeitig ein kleines Stückchen dieser Welt.

Lass uns gemeinsam auf die Reise zur *Bewusstheit* gehen, ich begleite dich, wir werden sie gemeinsam erleben und Antworten auf deine Fragen finden. Du wirst den Sinn deines Lebens finden und mit jeder Faser deines Körpers erfahren und spüren. Du wirst wissen, was du tust und warum du es tust, um Erfüllung zu finden.

Dieses Buch ist kein gewöhnliches Buch, es trägt dich wie ein wundersamer fliegender Teppich zu deinem Ziel – ein Teppich, der dich über alle Zweifel, Ängste und Sorgen hinweghebt und den Lärm der Welt nicht zu dir dringen lässt. Ein Teppich, auf dem du Ruhe findest, der dich beschützt.

Du wirst und musst das Buch nicht in einem Rutsch lesen, sondern kannst jeden Textabschnitt auf dich wirken lassen. Du findest auf unserer gemeinsamen Reise in diesem Buch immer wieder *Imaginationen* und *Reflexionen*. Es sind Ruhepunkte, die wir nutzen, um nach und nach *Bewusstheit* zu erlangen. Du kannst sie kostenfrei downloaden unter:

christian-bischoff.com/bewusstheit

Sie helfen dir, die Veränderung zu vollziehen, sie zu erleben, zu fühlen und in dein Leben zu integrieren.

Bewusstheit bedeutet, dass ein Mensch in Worten genau die Wahrheit versteht, für die er innerlich bereit ist. Jeder Leser wird also diesem Buch etwas anderes für sich entnehmen, verstehen und umsetzen. Ich bin gespannt, was es bei dir ist.

Ich wünsche dir eine spannende Reise und freue mich, dein Reisebegleiter sein zu dürfen.

1

Wie du der Mensch wirst, der du sein möchtest

Kennst du Menschen, die mit folgenden Gedanken und Überzeugungen durchs Leben gehen?

»Das habe ich schon immer so gemacht.« – »Ich hatte einfach keine gute Erziehung.« – »Nicht jeder kann erfolgreich sein.« – »Ich werde nie wirklich glücklich sein.« – »Ich habe immer das Nachsehen.« – »Ich mag mich einfach nicht.«

Diese Sätze sind Äußerungen eines unbewussten Geistes. Jede großartige Reise beginnt mit einem ersten Schritt. Und den ersten Schritt hin zur Bewusstheit kannst du genau in diesem Moment beginnen. Du kannst jetzt damit anfangen, das Leben zu führen, das du gerne führen möchtest.

Das klingt unrealistisch? Nein, das ist es nicht. Daher noch einmal:

Du kannst jetzt in diesem Moment beginnen, dir das Leben zu erschaffen, das du führen möchtest.

Dabei ist es egal, was bisher in deinem Leben passiert ist. An welchem Punkt du aktuell in deinem Leben stehst. Wie viele Rückschläge und Frustrationen du bis heute erlebt hast. Wo du herkommst, wo du geboren wurdest und wo du aufgewachsen bist, auf welche Schule du gegangen bist und was du heute machst. Es ist auch ganz egal, ob du bis heute geglaubt hast, für dich seien in deinem Leben bestimmte Dinge unmöglich.

Einzig und allein entscheidend ist vielmehr, dass du die stärkste Kraft in deinem Leben erkennst und sie zu deinem Vorteil nutzt: die Kraft deiner Gedanken. Denn mit deinen Gedanken erschaffst du deine Gefühlswelt, dein Innenleben und damit deine Alltagswirklichkeit.

Dein Leben ist das, was du für dich und dein Leben akzeptierst – positiv wie negativ.

Sicher kennst du Menschen in deinem Umfeld, mit denen du auf keinen Fall tauschen möchtest, weil sie leben, wie du es niemals wollen würdest. Stell dir einfach mal Willy vor:

> Er geht seit Jahrzehnten jeden Tag einer unbefriedigenden Tätigkeit nach. Die Arbeit macht Willy keinen Spaß, und die Kollegen gehen ihm auf die Nerven. Willy hat diese Tätigkeit, dieses berufliche Umfeld und diese Kollegen, ganz *unbewusst* in sein Leben gezogen. Denn wenn er *wirklich* gern etwas anderes tun würde, hätte er diese Lebenssituation bis zum heutigen Tag niemals akzeptiert und ertragen. Willy wäre ins Handeln gekommen – auf der Suche nach etwas Neuem, etwas Besserem.

Kennst du solch einen Willy? Kommt er dir bekannt vor? Sagst du nun vielleicht: »Na ja, das ist ja auch gar nicht so einfach, so etwas zu ändern im Leben«?

Lass mich aber erst noch ein weiteres Beispiel anführen:

> Britta: Sie hat mit viel Freude und Engagement in der Reisebranche gearbeitet. Dann hat sie geheiratet, Wunschkinder bekommen und aufgehört zu arbeiten. Nun sind die Kinder aus dem Gröbsten heraus, sind in der Schule, und Britta bemerkt, wie unzufrieden sie nun ist. Sie denkt darüber nach, redet darüber, aber sie unternimmt nichts. Immer wieder fallen ihr neue

Ausreden ein. Denn etwas zu ändern, sich wieder einen Job zu suchen, ist mit Anstrengungen verbunden. Und natürlich spielt auch die Angst eine Rolle, bei Bewerbungen abgelehnt zu werden. Solange Britta nicht bewusst wird, dass sie nur etwas ändern kann, wenn sie Neues wagt, wird ihre Unzufriedenheit mit sich selbst zunehmen. Und damit nimmt sie sich die Chance, ihre Zukunft zu gestalten und sich weiterzuentwickeln.

Die Tatsache zu akzeptieren, dass jeder selbst verantwortlich ist für seine Situation, ist der erste und entscheidende Schritt der Bewusstheit. Es ist der Startschuss dafür, das eigene Leben in die Hand zu nehmen und zu verändern – so, wie es sein soll.

Wenn du also in deinem Leben etwas Neues haben möchtest, zum Beispiel Freude, Selbstvertrauen, Selbstliebe, innere Ruhe, einen neuen Job oder erfüllende Freundschaften, dann kann das erst in dein Leben kommen, wenn du konsequent deine Gedanken darauf ausrichtest.

Es ist eine Tatsache, dass du im Leben auf charakterlicher Ebene alles sein kannst, was du sein möchtest!
Dir steht alles zu. Du bist es wert, all das zu bekommen, sobald du deinen eigenen Wert erkennst und annimmst.

Triff am besten jetzt gleich die Entscheidung, dass du ab heute nur noch das Beste, Positivste und Schönste in dir akzeptierst, um das Beste, Positivste und Schönste in dein Leben hineinzuziehen.

*

Mit Ende zwanzig habe ich die Entscheidung getroffen, eines Tages in allen Lebensbereichen richtig erfolgreich sein zu wollen. Das ist heute meine Realität, Tag für Tag – und ich bin jetzt noch nicht einmal Mitte vierzig. Die Voraussetzung für meine überdurchschnittlichen

Erfolge war, dass ich mit Ende zwanzig die Entscheidung getroffen hatte, die beste Persönlichkeit zu werden, die ich sein kann. Und zwar war das nicht irgendeine beliebige Entscheidung, sondern eine *unumstößliche* Entscheidung.

Was du täglich über dich und dein Leben denkst, glaubst und fühlst, ist das, was in dir schwingt. Es zieht mit der Zeit automatisch die entsprechenden Menschen, Dinge und Ereignisse in dein Leben.

Früher, als professioneller Basketballtrainer, war ich ein Mensch, der seine Mitmenschen gern und oft kritisiert und von ihnen Höchstleistungen verlangt hat. Ich war in einem Umfeld, in dem ich selbst viel kritisiert und ausschließlich nach meiner Leistung beurteilt wurde.

Heute baue ich Menschen auf und versuche, in jedem Einzelnen und in jeder, wirklich *jeder* Situation das Positive zu erkennen. Das Ergebnis mag dich verblüffen: Heute befinden sich in meinem Umfeld fast ausschließlich positiv denkende Menschen, mit denen ich wunderbar kommunizieren kann.

Die Lebensregel ist einfach, und ihr Erfolg ist eine Gesetzmäßigkeit:

Fokussiere dich auf positive Gedanken und Gefühle, konzentriere dich auf deine eigenen Ziele und Visionen und blende alles, was dich von diesem Weg der persönlichen Entwicklung ablenkt, so gut es geht aus.

Damit erschaffst du dir die bestmögliche Realität – deine Realität. Denn die »Realität« in deinem Kopf erschafft dein Leben.

Alles andere Denken ist falsch oder zumindest suboptimal. Es bringt dich nicht weiter.

Positive Gedanken lösen positive Gefühle in dir aus.

Positive Gefühle schenken dir Lebensenergie und Freude. Beides macht dich zufrieden und schenkt dir immer wieder glückliche Momente.

Lebensenergie und Freude brauchst du, um deine Ziele, Träume und Visionen zu verwirklichen.

Ziele, Träume und Visionen geben deinem Leben Sinn. Daraus erwächst wiederum Energie und Motivation für das, was du jeden Tag tust. Alles beginnt also mit deinen Gedanken.

Von innen nach außen

Wenn du dich jeden Tag auf die »richtigen«, das heißt positiven Gedanken konzentrierst und die entsprechenden Gefühle in dir spürst, schwingst du auf einer Frequenz, die dich unglaublich viel sein und erreichen lässt: Du wirst das in dein Leben ziehen, was du sein willst oder haben möchtest. Eins führt zum anderen.

Die Erfolgsregel lautet:

Erst vollzieht sich eine Entwicklung in deinem Inneren, unsichtbar für alle anderen. In einem zweiten Schritt wird diese Entwicklung in deinem realen Leben wirkungsvoll, sichtbar als Ergebnis für dich und dein Umfeld.

Wir dürfen im Leben alles zweimal erschaffen: zuerst in unseren Gedanken, mit unserer Vorstellungskraft in unserer Innenwelt. Anschließend lassen wir das Imaginierte im wirklichen Leben, in der Realität, sichtbar werden für uns und andere Menschen.

Lass mich das an einem wunderbaren Beispiel veranschaulichen:

> Seit er sechzehn Jahre alt ist, hat Tom davon geträumt, ein Jahr lang eine Weltreise durch alle Kontinente zu machen. Während er gelangweilt im Schulunterricht saß, schaute er oft verträumt aus dem Klassenfenster und spielte Tausende Male im Kopf durch, an welche Orte er reisen würde, welches Gepäck er dabeihätte, wo und wie er übernachten und sich fort-

> bewegen würde. Tag für Tag reiste Tom in seiner Vorstellungskraft durch die Welt.
>
> Als Tom zwanzig wurde, war sein Selbstbild als Weltreisender so stark geworden in seinem Kopf, dass er das Flugticket für »Tag eins« nach Beendigung seiner Ausbildung buchte. Und als es so weit war, machte er sich auf die Reise.
>
> Tom hatte seinen großen Traum so oft in Gedanken durchgespielt, dass er gar nicht anders konnte, als endlich zu handeln.

Du erkennst an diesem Beispiel die praktische Bedeutung der folgenden Regel:

Erst die Innenwelt, dann die Außenwelt – zuerst die Gedanken, die Vorstellung, dann die Realisierung, die Verwirklichung.
Erst entsteht etwas ganz klar in deinen Gedanken, dann kann es real werden durch dein konsequentes Handeln.
Erst brauchst du absolute Klarheit in deinem Denken, in deiner Vorstellung, und erst dann kannst du es in dein Leben ziehen.

Gern verrate ich dir, was dich sicher nicht wundern wird: Natürlich lief Toms Weltreise zum Teil ganz anders ab, als er sie sich jahrelang vorgestellt hatte. Doch das tat seinem Traum keinen Abbruch. Im Gegenteil, vieles war spannender, als er es je erwartet hätte.

Das Wichtigste für Tom war, dass er verwirklicht hatte, wovon er träumte. Das allein stand an allererster Stelle und gab ihm die Gewissheit:

Ich kann alles erreichen, was ich will. Ich muss es nur tun.

Bewusstheit ist etwas anderes als Bewusstsein

Damit du dir alles im Leben erschaffen kannst, was du möchtest, solltest du – ebenso wie Tom – ganz klar und detailliert wissen, wer du sein willst und was du tun möchtest. Nur mit dieser Klarheit in deiner Vorstellung wird es auch gelingen. Das ist der erste Schritt! Um diesen Schritt zu vollziehen, brauchst du *Bewusstheit*, womit wir beim wichtigsten Thema dieses Buches sind:

Du kennst die Begriffe »Bewusstsein« und »Selbstbewusstsein«.

Bewusstheit ist noch etwas ganz anderes.

Sicher würdest du Tom, wenn du ihm begegnen würdest, als Menschen bezeichnen, der sich seiner selbst bewusst ist. Tom besitzt Selbstbewusstsein, weil er weiß, was er will, weil er in seinem jungen Leben die Erfahrung gemacht hat, dass er Herausforderungen gern und begeistert annimmt und erfüllt. Er ist möglicherweise ein geschickter Handwerker und ein guter Sportler in seiner Freizeit. Vielleicht sind seine schulischen Leistungen gar nicht überragend, aber er weiß einfach, was er kann. Daher ist er *selbstbewusst*.

Tom hat aber noch etwas anderes geschafft: Er hat seine Persönlichkeit schon als Teenager so weit entwickelt, dass er *Bewusstheit* erlangt hat.

Über *Bewusstheit* zu verfügen heißt, achtsam zu sein. Es heißt, sich seiner selbst, seiner Wünsche und Träume bewusst zu sein.

Tom weiß, wer er ist, wer er sein will, was seine Ziele sind, was der Sinn seines Lebens ist. Er hat jahrelang darüber nachgedacht, er hat sich selbst beobachtet, in sich hineingehört, er weiß, was er erreichen möchte und was er absolut nicht will. Und daher erscheint es ihm auch ganz zwingend, ganz leicht, das zu tun, was er will. Er handelt und realisiert seinen Traum.

*

Lass mich noch einmal ganz klar definieren:

> Das *Bewusstsein* eines Menschen ist die innere Haltung dieses Menschen. Die Summe seiner Lebenserfahrungen, die dazu beigetragen haben, dass ein bestimmtes Bewusstsein in ihm ist. Bei alten Menschen umfasst Bewusstsein Weisheit, Lebenserfahrung, Erkenntnisse.
>
> Bewusstsein ist auch das Wissen des Menschen über sich selbst: wie er tickt, was seine eigenen Stärken sind, was er will und nicht will, alle Erkenntnisse, die er gewonnen hat. Kurz: die Summe seiner Lebenserfahrungen. Je besser ein Mensch sich selbst kennt, desto mehr ist er sich seiner selbst bewusst. Diesen »Bewusstseinsteppich« kann ein Mensch selbst legen: indem er konstruktiv und aufbauend denkt. Dankbarkeit und Wertschätzung ins Leben trägt. Dieser Bewusstseinsteppich zieht (wie der Magnet die Eisenspäne) ähnlich geartete Lebenssituationen an. Das Bewusstsein des Menschen hat die gestalterische Qualität in seinem Leben.
>
> *Bewusstheit* erreicht nur derjenige, der achtsam ist: achtsam gegenüber sich selbst, was er tut und warum, achtsam im Umgang mit anderen, wie er agiert und in der Beobachtung seiner Mitmenschen, achtsam dem Leben und der Welt gegenüber. Es ist Selbstbeobachtung und Reflexionsfähigkeit.
>
> *Bewusstheit* erreicht nur derjenige, der sich selbst erkennt, indem er versteht, welche Gedanken und Gefühle in ihm wirksam sind.
>
> *Bewusstheit* erreicht nur derjenige, der in sich hineinhört und sein Herz sprechen lässt, der seiner Intuition vertraut und auf den Fluss des Lebens achtet.
>
> *Bewusstheit* ist also nicht einfach die Summe von Lebenserfahrungen, sondern es ist eine ganz aktive Betrachtungsweise, mit sich und dem Leben umzugehen.

> *Das Bewusstsein eines Menschen hat gestalterische Qualität. Gedanken allein haben noch keine Manifestationsebene. Das Bewusstsein ist die Manifestationsebene. (Viele Vertreter der Bewegung des positiven Denkens rennen hier in die Sackgasse.) Ein einzelner Gedanke schafft noch kein Bewusstsein. Doch wenn ich immer wieder die gleichen Gedanken denke, entsteht im Laufe der Zeit eine Bewusstseinshaltung daraus. Diese zieht ähnlich geartete Lebenssituationen an, die der Resonanz des Bewusstseins des Menschen entsprechen.*

Wir legen in diesem Buch mit Bewusstheit also die Grundlage für dein ideales Bewusstsein.

Du erinnerst dich, ich habe gesagt: Gedanken bestimmen dein Leben – immer. Um nicht zum Sklaven negativer Gedanken und Gefühle zu werden, brauchst du *Bewusstheit*.

Bewusstheit hilft dir, deine Gedanken und Gefühle achtsam wahrzunehmen, zu analysieren und so steuern zu können, dass du mit der Zeit immer mehr handeln und leben kannst, wie du es wirklich willst.

Damit hast du die Chance, deine verborgenen Potenziale freizulegen, dein authentisches Ich zu entdecken und jederzeit in deiner ureigenen Kraft zu sein.

Es steht dir zu, du bist es wert!

Nun kommt aber noch etwas ganz Entscheidendes hinzu: Wenn tief in dir drinnen eine fremde Stimme hörbar wird und dir zuflüstert, dass du ja doch nicht die Topfrau sein kannst, die diesen Traumberuf erreichen kann, oder dass du ja nicht gerade der Toptyp bist, der diesen Traumjob ausfüllen kann, dann darfst du diese fremde Stimme getrost ignorieren.

Achte lieber darauf, was dein Herz dir sagt, was du dir im tiefsten Inneren selbst wünschst.
Und ich sage dir, dass es dir zusteht und dass du es wert bist.

- Ja, du darfst auf eine Weltreise gehen.
- Ja, du darfst eine liebevolle Partnerschaft leben.
- Ja, du darfst deinen Traumberuf ausüben.
- Ja, du darfst dich selbstständig machen.
- Ja, du darfst viel Geld verdienen.
- Ja, du darfst dich in deinem Körper wohlfühlen.
- Ja, du darfst dich selbst lieben.
- Ja, du darfst glücklich sein.

Ja, du darfst das alles – ab jetzt sofort. Du bist nur eine kleine Entscheidung davon entfernt. Die Entscheidung, dass du dir selbst die Erlaubnis gibst, das Leben aufzubauen, das du wirklich führen möchtest.

Diese Entscheidung entsteht aus der *Bewusstheit*.

Jeder Mensch ist etwas Besonderes, auch du

Als einziges Lebewesen auf diesem Planeten trägst du die Fähigkeit in dir, mit deinen Gedanken ein *elektromagnetisches Feld* in dir aufzubauen. Es hat die Kraft, all das anzuziehen, was du dir wünschst. Es hat die Kraft, dich all das erleben zu lassen, was du dir zugestehst und wofür du dich bereit fühlst.

Für mich war es ein ganz besonderer Tag, als ich diese Wahrheit nicht nur verstanden, sondern auch zum ersten Mal *gefühlt* habe. In diesem ganz entscheidenden Augenblick meines Lebens war für mich klar, dass ich die beste Persönlichkeit werden möchte, die ich überhaupt sein kann. Mir wurde von einem auf den anderen Mo-

ment glasklar bewusst, dass ich mich, ohne zu zögern, auf die Reise mache – auf *meine persönliche* Lebensreise.
Ich würde durch meine Entschlossenheit und mein Handeln sehen, was für mich alles möglich ist in meinem Leben. Ich wollte unbedingt sofort damit beginnen, mir das Leben aufzubauen, das ich mir ersehnte.

Jeder Mensch ist in der Lage, sich ein besonderes Leben zu erschaffen – auch du.

Jeder Mensch ist einzigartig auf der Welt. Jeder von uns besitzt ureigene wertvolle Eigenschaften und Talente, die zu wertgeschätzten Kenntnissen und Fertigkeiten ausgebaut werden können.

Jeder von uns verdient es, aus seinen kostbaren Anlagen, die absolut unverwechselbar sind, die kein einziges Lebewesen jemals zuvor besessen hat und die auch kein einziges Lebewesen jemals wieder besitzen wird, das Beste zu machen – auch du.

Nochmals:

Jeder Mensch ist in der Lage, sich ein besonderes Leben zu erschaffen – auch du.

Mit »besonders« meine ich nicht, dass du den größten finanziellen Reichtum erschaffen musst oder dass du »die Nummer eins« in deiner Firma oder als Künstler oder als Politiker werden sollst. Mit »besonders« meine ich das Besondere im Alltag:

Wäre es für die meisten von uns nicht schon etwas Besonderes, wenn wir Tag für Tag mit absoluter Ruhe, völliger Klarheit, laserscharfer Fokussierung und innerem Frieden all das tun könnten, was wir ohnehin jeden Tag tun?

Wäre es nicht etwas Besonderes, wenn uns kaum mehr etwas stressen und aus unserer Mitte bringen könnte, weil wir mit uns im Reinen sind?

Wäre es nicht etwas Besonderes, wenn wir eine positive Grundeinstellung hätten und die Besonderheiten und das Wunderbare in unserem Alltag wahrnehmen und genießen könnten?

Im Außen, in deiner realen Lebenswelt, hätte sich dann erst einmal nichts verändert – in dir drinnen wahrscheinlich ALLES.

Um das zu erreichen, brauchst du nichts weiter zu tun, als die stärkste Kraft in deinem Leben zu erkennen und für dich zu nutzen: *deine Gedanken und deine Gefühle.*

Deine Gedanken erschaffen deine Realität – immer!

Deine Gedanken üben stärkste Kräfte aus. Mit deinen Gedanken kannst du sprichwörtlich Berge versetzen, du kannst zum Zauberer in deinem eigenen Leben werden.

Dieses mentale Kraftzentrum steht dir in jeder Sekunde deines Lebens zur Verfügung.

Zweifelst du noch an der Kraft der Gedanken? Fällt dir jetzt vielleicht ein Bekannter ein, der neulich in einem Gespräch sagte:

»Ach, das mit diesem positiven Denken, das funktioniert doch gar nicht, das sind leere Versprechungen. Ich wünsche mir seit zehn Jahren, Millionär zu werden, und bin immer noch keiner!«

Hat er recht mit dieser Aussage?

Natürlich!

Jeder Mensch hat aus seiner Sicht recht mit dem, was er denkt – immer!

Schauen wir uns genau an, was im Kopf dieses Mannes vorgeht. Es gibt zwei Möglichkeiten:

1. Obwohl er sagt, er möchte Millionär sein, glaubt und fühlt er *unbewusst*, dass er es nicht schaffen wird. Weil er keine Vorstellung davon hat, wie das klappen soll. Unbewusst zweifelt er also an, was er sich wünscht.
2. Er glaubt, so viel Geld stehe ihm nicht zu, oder er denkt, so viel Geld verderbe den Charakter. Es mache gierig. Er bewertet seinen Wunsch *unbewusst* also *negativ* und entwickelt negative Gefühle gegenüber finanziellem Reichtum (oft auf unbewusster Ebene!).

Trotz jahrelangem Hoffen und Wünschen wird dieser Mann wegen seiner unbewussten Zweifel natürlich weiterhin kein vermögender Mann werden. Weil – und das ist das Geheimnis:

Deine stärksten (unbewussten) Gedanken und Gefühle – zu einem Wunsch, den du hast; zu einem Vorhaben, das du umsetzen möchtest; zu einem Traum, den du verwirklichen willst – entscheiden, was davon tatsächlich in deinem Leben wahr wird.

Wenn deine Gefühle gegenüber einem positiven Gedanken dazu in irgendeiner Weise negativ sind, wenn du nur im Geringsten zweifelst, dann ziehst du nicht das Positive in dein Leben – auch wenn du es dir noch so sehr wünschst. Dann wirst du ein Vorhaben, das du hast, nicht umsetzen können, einen Traum, den du träumst, nicht realisieren können.

Wenn der oben beschriebene Skeptiker also sagt: »Ich will Millionär werden«, doch tief in seinem Innern das Programm abläuft, dass er es eh nicht schaffen kann, dann wird er es auch nicht werden. Seine unbewussten Zweifel wirken nämlich so stark, dass er gar keine Idee entwickeln kann, wie er es anstellen könnte, Millionär zu werden.

Seine unbewusst stärksten Gedanken sind negativ. Er glaubt gar nicht wirklich daran, dass er es schaffen könnte.

Und nun kommt das Wichtige:

Weil seine negativen Gedanken – und damit auch seine Gefühle – noch viel stärker sind als sein Wunsch, reich zu werden, bleibt der Skeptiker mit Körper und Seele in einer negativen Grundschwingung. Und er kommt ohne Bewusstheit da auch gar nicht mehr heraus. Fazit:

Du kannst dich nicht selbst belügen!

Dein Körper und dein Geist wissen, was du unbewusst denkst, woran du unbewusst glaubst. Und *das* ist deine Realität. Solange du (unbewusst) negative Glaubenssätze hinsichtlich deiner Zukunft hast, wirst du immer nur diese negativen Glaubenssätze aus deiner Vergangenheit nähren und wiederholen. Der Humus, auf dem sie wachsen und gedeihen, ist früh aufgehäuft und vergiftet worden. Durch Sätze, die dir irgendwann jemand um die Ohren gehauen hat: »Das kannst du nicht!« – »Dafür hast du keine Begabung.« – »Wie blöd kann man denn sein, das nicht zu schaffen?!« – »Du nervst.« – »Das ist kein Beruf für Frauen.« – »Mit zwei Kindern kannst du nicht auch noch arbeiten gehen.« – »Du wirst es nie zu was bringen.« – »Du wirst keine Freundin finden, so, wie du rumläufst und dich benimmst.«

Solche oder ähnliche Sätze haben wir alle irgendwann einmal gehört, von Menschen, die in dem Moment sicher nicht ahnten, wie tief sich ihr dahingesagtes Urteil in unserer Seele festbrennen konnte.

Alles, was wir uns wünschen im Leben, wird von solchen tief in unseren Herzen vergrabenen Aussagen über uns bestimmt, Aussagen, die sich zu zähen Glaubenssätzen verwandelt und sich in uns eingenistet haben.

Alles ist möglich, wenn du es willst

Wir wollen zufrieden und glücklich sein, mit einem verlässlichen, uns liebenden Partner zusammenleben, vielleicht eigene Kinder haben, liebe Menschen und Freunde um uns herum haben, einer erfüllenden Aufgabe nachgehen, unsere Begabungen entwickeln können, unsere Träume verwirklichen ...

Das alles ist möglich!

- Dir steht eine Partnerschaft zu, die unbelastet ist von Streit und Eifersucht;
- dir steht es zu, geliebt zu werden;
- dir steht es zu, an dich zu glauben, zur dir zu stehen, dich zu zeigen;
- dir steht es zu, ein glückliches Familienleben zu haben;
- dir steht es zu, eine erfüllende Aufgabe oder einen tollen Job zu haben;
- dir steht es zu, deine Träume zu verwirklichen.

Ich nehme dich mit auf die Reise, damit du nicht die Glaubenssätze wiederholst, die dich bisher negativ bestimmt haben. Du wirst nicht an diesen mentalen Mustern scheitern wie viele andere Menschen.

Du wirst innerlich ruhig werden, Frieden in dir finden. Stress, Getriebenheit und Angst werden nicht mehr deine Gedanken und Gefühle bestimmen.

Wir werden gemeinsam deine negativen Gedankenmuster auflösen. Du fragst, wie das geht? Ich zeige es dir!

Die Schlüsselfragen deines Lebens

Es geht im Leben primär um zwei Fragen, die dir den Zugang zur *Bewusstheit* aufschließen. Diese Fragen lauten:

Wer *möchte ich wirklich sein?*

Und:

Wie *möchte ich wirklich sein?*

Schauen wir uns die erste Frage an. Sie betrifft die Rolle, die du in deinem Leben übernehmen möchtest. Vielleicht möchtest du Unternehmerin werden, ein Café eröffnen oder ein Büro, das Stadtteilrundgänge organisiert? Vielleicht willst du Kfz-Mechatronikerin werden oder Kapitän auf einem Ozeanriesen? Oder dein Wunsch ist es, anderen zu helfen, und du möchtest Hebamme, Krankenpflegerin oder Ärztin werden? Oder liegt dir mehr das Schreiben und du möchtest Journalistin oder Buchautorin werden? Außerdem wünschst du dir vielleicht auch eigene Kinder, willst also auch noch Mutter sein? Und wenn du ein Mann bist, dann gilt das Folgende natürlich auch für dich:

Was immer du dir erträumst und was immer du jetzt bist: Jede berufliche Tätigkeit wird dich langfristig prägen, wird eine ganz bestimmte Persönlichkeit aus dir machen. Ist dir schon einmal aufgefallen, dass Lehrer anders denken und handeln, andere Persönlichkeitsstrukturen haben als Philosophen, Politiker oder Piloten?

Wir verbringen die meiste Lebenszeit mit der Ausübung unseres Berufs. Wir Menschen sind soziale, beeinflussbare Wesen und können uns dem Einfluss unseres Umfeldes nicht einfach entziehen. Daher solltest du dich auch fragen:

Was für einen Menschen wird mein Beruf über die Jahre aus mir machen? In was für eine Persönlichkeit werde ich mich entwickeln? Bin ich mit dieser Entwicklung einverstanden?

Schau dir Menschen an, die seit zehn Jahren oder länger das machen, was du machen möchtest, studiere sie mindestens einen Tag lang und frage dich: Möchte ich wirklich so werden?

Die Entscheidung für die Rolle, die wir in unserem Leben einnehmen wollen, hat entscheidenden Einfluss auf unsere Zukunft und auf unseren Lebensverlauf. Es lohnt sich sehr, wenn du dir Zeit für diese Frage nimmst und dir die Antwort wohl überlegst. Vielleicht arbeitest du ja im Moment an einer Kasse im Supermarkt, weil dich die Schule nicht wirklich interessiert hat damals. Und du bist vielleicht unzufrieden mit dem Job und träumst davon, Innenarchitekt zu werden. Was hält dich davon ab, eine Abendschule zu besuchen, das Abi nachzuholen und zu studieren? Dein Studium kannst du dir mit deinem jetzigen Job finanzieren. Du musst es nur wirklich wollen.

Haben und Sein – worum geht es?

Es mag Menschen geben, die auf die Frage, wer sie sein wollen, antworten:

»Ich möchte Millionär sein und jeden Monat mehr Geld verdienen, als ich ausgeben kann. Ich möchte in jeder tollen Stadt eine Wohnung oder ein Haus haben, schnelle Autos fahren und ein Privatflugzeug besitzen.«

In dieser Antwort liegt der Fokus auf HABEN.

Wer sich darauf konzentriert, nur HABEN zu wollen, zeigt damit seinen unbewussten Geist. Ein Mensch, der vor allem haben will, ist in der materiellen Welt gefangen. Daraus hat sich in den letzten Jahrzehnten eine Welt der Egomanie entwickelt. Vor der Corona-Krise haben die meisten von uns in der westlichen Welt nach der Maxime gelebt: »Ich will alles HABEN.« Doch sie waren nicht bereit, dafür eine Anstrengung in Kauf zu nehmen, jemand zu werden. Von frühester Kindheit an wurde den meisten von uns vermittelt: Materieller Besitz ist wunderbar, damit wirst du glücklich, und je mehr du hast, umso besser ist dein Leben.

Geld ist nichts Schlechtes an sich, doch wir sollten es klug nutzen und uns alle bemühen, in finanzieller Sicherheit leben zu können. Dann brauchen wir uns keine Sorgen um unseren Lebensunterhalt zu machen. Doch sehr viele Menschen machen den Fehler, sich vom Geld abhängig zu machen. Daraus entsteht Gier. Und Gier trennt uns vom Leben. Gier kennt keine Grenzen, denn sobald du etwas erreicht hast, möchtest du mehr. Der Glaube »Geld macht glücklich« ist zum größten Trugschluss geworden. Er hat uns unserer Menschlichkeit und Empathie beraubt und uns vergessen lassen, was für ein Geschenk ein dankbar gelebtes Leben ist.

Das Coronavirus hat uns unvermittelt zum Stillstand gezwungen, uns demütig gemacht, uns nachdenklich werden lassen, uns deutlich vor Augen geführt, wie wichtig menschliche Nähe und Wärme sind. Weltweit hat diese Pandemie eine klare Botschaft vermittelt:

Es geht beim bewussten Betrachten des Lebens nicht ums HABEN. Es geht um das SEIN.

Du kannst zwar alles HABEN, aber dennoch innerlich unglücklich sein. Materielles Haben garantiert dir nicht, dass du glücklich BIST. Das belegen Untersuchungen und Umfragen von Menschen, die plötzlich zu Reichtum gekommen sind. Schon nach wenigen Wochen fühlen sie sich genauso wie vor dem Ereignis, das sie reich gemacht hat. Waren sie vorher unglücklich und wussten nichts mit ihrem Leben anzufangen, sind sie es auch später wieder.

Sobald du deinen Fokus auf dein SEIN richtest, arbeitest du an deinem Wandel zu der Persönlichkeit, die du sein möchtest: deine Ausstrahlung, deine Energie, deine Freude, all das werden die Menschen in deinem Umfeld wahrnehmen. Und das Schöne: Damit ziehst du automatisch das an, was du BIST.

Das Einzige, was du wirklich besitzt, ist deine (Lebens-)Zeit. Alles andere ist nur geliehen. Zeit ist das einzige Gut, das nie mehr zurückkommt, denn das Leben läuft mit jeder Sekunde weiter. Deswegen ist die entscheidende Lebensfrage, für was genau du deine Zeit einsetzen möchtest – Zeit für wertvolle Dinge wie die Familie und Freundschaften pflegen, die eigenen Talente und Fähigkeiten entwickeln, offen und achtsam die Welt erkunden, Frieden im eigenen Umfeld schaffen, anderen ein Vorbild sein, die eigene Persönlichkeit stärken, einen guten Charakter entwickeln.

Wichtig ist, das zu tun, was du wirklich liebst. Menschen, die ihre Arbeit wirklich lieben, arbeiten, weil sie lieben, was sie tun, nicht des Geldes wegen. Mache Dinge, die dich glücklich machen, denn in einem glücklichen Herzen ist kein Platz für Gier.

Lebe nicht, um reich zu werden. Lebe, um glücklich zu sein.

Lebe nicht, um Status aufzubauen. Lebe, um ein vorbildlicher Mensch zu sein.

Lebe nicht für Titel, Likes und Anerkennung. Lebe, um einen besonderen Charakter zu entwickeln – ein besonderer Mensch zu sein.

Entscheide dich zu SEIN, statt (übermäßig) HABEN zu wollen.

Das heißt nicht, dass du dir keine materiellen Dinge wünschen darfst. Natürlich darfst du dir wünschen, gutes Geld zu verdienen, dir eine Wohnung in der Stadt oder ein Haus im Grünen zu kaufen, schöne Reisen zu machen. All das steht nicht im Widerspruch zu deinem SEIN, auf das du deinen Fokus richtest. Dann wirst du mit dem Job, den du dir erträumst, dein Nest bauen, wo immer du es möchtest.

Zum Schluss der Überlegungen dazu, wer du sein möchtest, noch etwas wirklich Ermutigendes:

Je mehr du zu dem Menschen geworden bist, der du sein willst, desto mehr kannst du in Zukunft noch wachsen und werden.

Es gibt viele Beispiele, die das belegen. Nehmen wir einfach mal Nelson Mandela.

> Nelson Mandela ist bis heute eine Symbolfigur für Friede und Aussöhnung. Jahrzehntelang hat er den Freiheitskampf gegen die Unterdrückung und Benachteiligung farbiger Menschen in Südafrika geführt. Fast dreißig Jahre lang saß er im Gefängnis und hat nie seinen Traum, die Ungleichheit zwischen Weißen und Farbigen zu beseitigen, die Farbigen aus ihrer Abhängigkeit zu befreien, aus den Augen verloren. Was für ein besonderer Mensch musst du SEIN, um so etwas durchzuhalten?

> Noch zu Lebzeiten wurde Mandela zu einem der größten Vorbilder für Menschen auf der ganzen Welt. Aus dem Gefängnis entlassen, wurde er der erste farbige Präsident Südafrikas und erhielt 1993 den Friedensnobelpreis.

Es geht im Leben nicht ums HABEN, es geht im Leben um das SEIN.

Der Sinn deines Lebens ist, alles zu erleben, alles zu erfahren, alles zu machen und damit alles zu sein, was du sein möchtest. Nur durch Erfahrungen kann ein Mensch sich zu einer weisen, in sich ruhenden und innerlich erfüllten Persönlichkeit, wie etwa Nelson Mandela sie war, entwickeln. Die Grundregel lautet, sich immer den Situationen des Lebens zu stellen, die gerade da sind und durchlebt werden wollen. Auch wenn sie erst einmal Kummer und Schmerz bereiten sollten.

Gewinnende Menschen mit Charisma

Kommen wir nach der ersten Frage, die »*Wer möchte ich wirklich sein?*« lautete, zur zweiten Frage, die eng mit der ersten verbunden ist:

Wie möchte ich wirklich sein?

Jeder von uns kennt jemanden, die oder der ihm mächtig imponiert. Bei Michael war es ein Lehrer aus der Schulzeit, der an ihn glaubte, ihn gefördert hat, obwohl Michael oft unkonzentriert war und auch mal eine Fünf geschrieben hat.

Bei Hannah war es die Großmutter, die immer nur gütig und freundlich zu ihr war, ganz egal, was Hannah ausgefressen hatte.

Bei Jens, der als Assistenzarzt arbeitet, ist es die Chefärztin, die immer die Ruhe bewahrt, ganz gleich, wie viele Patienten sich darüber beschweren, nicht zuerst behandelt zu werden. Und Anna bewundert ihren Vater, der Krebs hat und große Schmerzen erleiden muss, aber immer tröstende Worte für seine Tochter übrig hat.

Und du?

Dein Charakter ist entscheidend, denn er bestimmt deinen Lebensweg. Oft ist nicht wichtig, **was** wir tun, um erfolgreich zu sein, sondern vor allem, **wie** wir es tun. Nicht das, *was* du sagst, sondern *wie* du es sagst, ist wesentlich. Am Ende deines Lebens können sich Menschen, die dich kannten, oft nicht mehr daran erinnern, *was* du alles gesagt oder getan hast, doch sie werden sich immer daran erinnern, *wie* sie sich in deiner Gegenwart gefühlt haben.

Das ist DEIN SEIN!

Kaum jemand von uns kann sich einem ehrlich freundlichen oder lebensfrohen Mitmenschen entziehen, etwa einem einfühlsamen Zuhörer, jemandem, der immer ein aufbauendes Wort für einen parat hat.

Wie fühlst du dich, wenn dir der Bäcker morgens die Brötchen mit einem Lächeln überreicht? Wie fühlst du dich, wenn dich deine Zahnärztin nach der Behandlung tröstet, dass die Schmerzen ganz schnell nachlassen werden, und dich dabei teilnehmend anschaut? Wie fühlst du dich, wenn dich jemand in einer deiner dunkelsten Stunden so aufbaut, dass du wieder lachen und an dich glauben kannst?

Warum wirst du nicht selbst ein solcher »jemand«?

Freundlichkeit und Empathie gewinnen immer!

Freundlichkeit und Empathie sind Charaktereigenschaften. Sie ziehen andere Menschen an. Nicht umsonst heißt es, jemand sei »gewinnend«, er habe Charisma.

Noch ein ganz anderes Beispiel:

Maresa, die im Sportverein Rückengymnastik für ältere Menschen gibt, hat zu Hause fünf Kinder, wirkt aber nie gestresst, hat immer ein Lächeln auf den Lippen und macht Scherze, um die Alten aufzuheitern. Jeder spürt: Es kommt bei ihr von innen. Sie liebt ihren Job und strahlt das aus. Jeder plaudert gern mit ihr und will mit ihr befreundet sein.

Sicher kennst du auch Menschen in deinem Umfeld, die nie lächeln, die immer nur meckern und andere kritisieren, oder solche, die nachlässig gekleidet herumlaufen und schon so mürrisch aussehen, dass du gern einen Bogen um sie herum machst. Kein Wunder, dass sich niemand für sie interessiert und niemand in Kontakt mit ihnen treten möchte. Das macht diese bedauernswerten Menschen natürlich noch mürrischer.

Noch einmal die Frage:

Wie möchtest du sein?

Hilfsbereit, gütig, empathisch, dankbar, voller innerer Ruhe, zugewandt, herzlich, liebevoll, mitreißend, motivierend, inspirierend, charismatisch, gewinnend …?

Suche es dir aus und schreibe es auf. Das Leben ist bildlich gesprochen wirklich ein Wunschkonzert. Doch wähle weise, denn deine Antworten bestimmen deine Zukunft! Und denke daran:

Wenn du alles *BIST,* wirst du eines Tages auch alles *HABEN.*

*

Du erinnerst dich: Es geht darum, *Bewusstheit* zu erreichen, um die Wandlung zu dem Menschen, der du werden willst und sein möchtest, zu vollziehen. *Bewusstheit* ist der erste Schritt.

Die Verwandlung, die dann folgt, wenn du weißt, *welche Rolle* du ausfüllen willst im Leben und *wie* du charakterlich *sein willst,* erfolgt aktiv durch dich.

Du bist der Schöpfer deines Lebens. Du erschaffst den Menschen, der du sein möchtest. Dafür braucht es deine bewusste Entscheidung, und zwar ständig und jeden Tag aufs Neue. Denn täglich machst du neue Erfahrungen. Sie sind so individuell wie dein Leben selbst. Sie sind einzigartig und gehören nur und ausschließlich zu dir.

Du kannst zwar aus klugen Büchern Wissen saugen, wie man alles erreichen kann, doch deine persönlichen Erfahrungen sind das Allerwichtigste. Wenn du sie mit *Bewusstheit* betrachtest und reflektierst, weißt du, was sie für dich bedeuten, wie du mit ihnen jetzt und in Zukunft umgehst.

Beantworte also ganz ehrlich für dich in Ruhe die beiden Fragen:

Wer möchte ich wirklich sein?

Und:

Wie möchte ich wirklich sein?

Und dann beginnst du sofort damit, dich in die gewünschte Richtung zu entwickeln. Und wenn du eines Tages etwas *nicht mehr* sein willst, dann stellst du dir die Fragen erneut, beantwortest sie und schlägst ganz einfach eine neue Richtung ein.

*

Ich war von meinem fünfzehnten bis zum einunddreißigsten Lebensjahr tagtäglich als Spieler und Trainer im Basketball-Profisport im Einsatz. Eines Tages wollte ich kein Basketballtrainer mehr sein, also habe ich angefangen, andere Erfahrungen zu machen, und bin jemand anderes geworden. Schritt für Schritt habe ich mir ein neues Leben als Seminartrainer und Redner erschaffen. Ein ganz anderes Leben. Doch je besser ich geworden BIN, umso größer wurde mein Erfolg.

Zuerst habe ich mich um mein SEIN gekümmert. Und dann habe ich mit diesem SEIN den Erfolg automatisch angezogen. Und dieser Erfolg bedeutet natürlich auch ein HABEN. Heute kann ich mir materiell das leisten, was ich haben möchte, allerdings liegt mein Fokus bis heute auf dem SEIN. Es interessiert mich viel mehr als das HABEN.

*

Damit auch du deine Entwicklung mit Selbstvertrauen in Angriff nimmst – die meisten Menschen scheitern nämlich an ihrer Angst, den ersten Schritt zu machen –, sage ich dir mit meinem Erfahrungswissen:

Es wird nie alles so laufen, wie du es dir wünschst und vorstellst. Du wirst Rückschläge haben. Es wird schwierige Zeiten geben. Du wirst Erfahrungen machen, die du als »schlecht« oder »negativ« bewertest.

Doch es gibt kein »gut« oder »schlecht« – nur in deinem Kopf drückst du bestimmten Erfahrungen diesen Stempel auf.

Jede Situation in unserem Leben ist ein Geschenk.
Jede Erfahrung ist eine Chance, eine goldene Gelegenheit, besser zu werden, besser zu sein.

Jeden Tag erhalten wir vom Leben Möglichkeiten und Gelegenheiten, die genutzt werden wollen. Weil jede Situation uns etwas lehrt, was wir für unsere weitere Lebensreise positiv nutzen dürfen. Erkenne in jeder Lebenssituation, was es ist, nutze dein Wissen, um besser zu werden, und sei dankbar für diese Chance.

Frage dich stets:

Wie gehe ich konstruktiv und positiv mit dieser Situation um, um das Beste für mich und meine Zukunft daraus zu machen?

Mein Mentor Jens Corssen hat folgende Einstellung in mir verankert:

»Das Leben ist mein Training. Ich befinde mich täglich in einem Lebenstrainingslager.«

Was bedeutet das praktisch für dich?

- Wenn alle aufgeben, machst du unbeirrt weiter.
- Wenn alle jammern, bleibst du positiv und zuversichtlich.
- Wenn alle das Schlechte sehen, erkennst du die Chancen.
- Wenn alle Ausreden suchen, übernimmst du Verantwortung.
- Wenn alle den einfachen Weg gehen, machst du den notwendigen Extraschritt.

Nehmen wir an, du möchtest ruhiger werden, dich nicht so schnell aus der Fassung bringen lassen durch andere oder irgendwelche Ereignisse, die du nicht beeinflussen kannst. Was machst du dann?

Du beobachtest im Alltag die Situationen, die dich aus der Ruhe bringen. In diesen Momenten hältst du inne, schließt die Augen, atmest ein paarmal tief ein und aus und machst dir wieder bewusst, wer und wie du wirklich sein möchtest.

Jedes Mal, wenn du die Ruhe verlierst, hältst du inne und kehrst zu deinem Idealzustand zurück.

Du möchtest eine innerlich ruhige Persönlichkeit werden und nutzt jede Alltagssituation, in der du unruhig wirst, um Ruhe zu trainieren – so lange, bis du die Ruhe selbst bist.

Auch du bist ein Meister ...

Vielleicht fragst du jetzt:
»Ist das so einfach?«
Ja, es ist so einfach!
Es ist der direkte Weg in die Bewusstheit. Mit dieser bewussten Lebensführung kannst du ab sofort Schritt für Schritt alles verän-

dern – du wirst dich in die von dir gewünschte Persönlichkeit entwickeln.

Mit dieser Bewusstheit gibt es keine Entschuldigung mehr, dass du dieses oder jenes ja gar nicht machen kannst; weil X oder Y es verhindern oder dir schwer machen. Du erinnerst dich an das Beispiel oben von Britta? Zwar war sie unzufrieden, als ihre Kinder aus dem Haus waren, wollte also am liebsten wieder arbeiten gehen oder etwas anderes Sinnvolles tun, aber sie fand immer neue Ausreden, es in Angriff zu nehmen.

Ein Mensch, der sein Leben neu erschafft, ein bewusster Mensch, sieht sich nie als Opfer! Er sieht sich als Meister der Situation, mit der er umgehen wird, die er meistern wird, egal, wie sie aussieht.

Auch du bist potenziell ein Meister, du musst dich nur dafür entscheiden, es auch sein zu wollen!

Das Leben gibt dir die Möglichkeit, dich voll und ganz zu entfalten.

Sobald du ein klares Bild davon hast, **wer** und **wie** du wirklich sein möchtest, verfolgst du ein Leben lang deine Ziele, Träume und Visionen.

- Du lebst immer mehr, wie du es dir vorstellst.
- Du kennst den Sinn deines Lebens und siehst ihn immer wieder bestätigt durch dein Tun.
- Du erkennst, dass alles in deinem Alltag eine Trainingsmöglichkeit ist, die dir Wachstumschancen bietet.
- Du erkennst in allem das Gute und die Chancen.
- Dein Leben wird von Tag zu Tag besser.
- Zweifel und Sorgen können sich nicht mehr ausbreiten in dir.
- Du hast vor nichts und niemandem mehr Angst.
- Du empfindest immer mehr Lebensfreude und Zufriedenheit.
- Du erlebst immer öfter glückliche Momente.

- Du lässt das Leben geschehen und vertraust dir, dass du es meistern kannst.
- Du akzeptierst, was du nicht ändern kannst, und machst das Beste draus.

So sieht deine Zukunft aus. Was sagst du dazu? Ist sie nicht großartig?

Du hast eine begrenzte Lebenszeit, nutze sie, um deine wunderbare Zukunft bald zu genießen.

Sei bereit, dich zu deiner wahren Größe zu entwickeln.

Dies ist eine wunderschöne Lebensaufgabe. Wenn jeder Mensch sie annehmen würde, hätten wir eine friedliche Welt.

Also fang du jetzt einfach damit an!

Die mentale Technik der Imagination

Unsere Reise zu deiner *Bewusstheit* beginnt mit einer *Imagination*. Die *Imagination* hilft dir, die Fragen, wer und wie du sein möchtest, klar zu beantworten. Bevor ich dir die *Imagination* erkläre, die in diesem Buch eine sehr wichtige Rolle spielt, möchte ich kurz auf andere mentale Techniken eingehen, damit du die Unterschiede kennenlernst.

Sicher kennst du schon die Meditation oder hast zumindest eine Vorstellung davon.

Bei der **Meditation** sitzt oder liegst du entspannt und völlig ungestört von äußeren Einflüssen an einem Ort deiner Wahl und schließt die Augen. Du richtest den Blick nach innen, um vollkommen still und ruhig zu werden. Du versuchst, an nichts zu denken, was am Anfang nicht leicht ist, dir aber mit täglichem

> Üben irgendwann gelingen wird. Ziel der Meditation ist es, zu sich selbst zu finden und ganz präsent im Hier und Jetzt zu sein. Das Morgen und Gestern klammerst du dabei völlig aus. Der einfachste Weg ist, dies über den Fokus auf die eigene Atmung zu erreichen.
>
> Eine Meditation ist also ein Mittel, um »bei sich selbst« anzukommen, um mit dem eigenen tiefsten Inneren in Kontakt zu treten, mit ihm verbunden zu sein.

Eine weitere mentale Technik ist die Kontemplation.

> Bei der **Kontemplation** fokussierst du dich auf etwas Konkretes: zum Beispiel auf einen Gegenstand oder einen Begriff. Nehmen wir an, du wählst »Zuversicht«. Wie bei der Meditation führst du die Kontemplation an einem ruhigen Ort völlig entspannt aus. Du konzentrierst dich also auf den Begriff »Zuversicht« und lässt alle Gedanken und Gefühle, die dazu in dir hochkommen, ungehindert durch dich hindurchfließen. Du bewertest sie nicht, du lässt sie einfach kommen und »beobachtest« sie.
>
> Kontemplation trainiert deine Aufmerksamkeit, deine Konzentrationsfähigkeit. Du fokussierst dich auf etwas.

Meditation und Kontemplation sind nützliche mentale Techniken, die du trainieren und jederzeit für dich nutzen kannst. Die **Aktive Imagination**, um die es mir hier geht, führt dich noch sehr viel weiter. Wenn du die Meditation und Kontemplation beherrschst, kann dir das bei der **Aktiven Imagination** helfen, ist aber kein Muss.

Der Schweizer Carl Gustav Jung, der zu Beginn des 20. Jahrhunderts die Psychoanalyse begründet hat, die sich mit dem Unbewussten beschäftigt, hat auch die mentale Technik der **Aktiven Imagination** entwickelt und zuerst an sich selbst ausprobiert. Er beschreibt in einem Brief sehr schön, wie sie funktioniert. Ich fasse seine Definition für dich zusammen.

Du wählst für die **Aktive Imagination** einen ruhigen Ort, an dem du dich wohlfühlst und vollkommen entspannen kannst. Dein Handy ist auf Flugmodus geschaltet, niemand kann dich stören. Du liegst oder sitzt bequem und schließt die Augen.

Nun rufst du dir ein Bild vor dein inneres Auge, ganz gleich, welches. Nimm einfach das, was dir zuerst einfällt. Du betrachtest es und beobachtest genau, wie es sich entfaltet oder verändert. Schau nur zu, beeinflusse nicht, was du siehst. Jedes seelische Bild, das du so beobachtest, wird sich allmählich verändern. Das geschieht durch spontanes Assoziieren. Lass es einfach zu und springe nicht ungeduldig zu etwas anderem. Halte an deinem Bild fest und warte, bis es sich von selbst verändert.

Dann vollziehst du den nächsten Schritt, du gehst selbst in das Bild hinein: Und triffst du jemand anderes in diesem Bild, die oder der etwas sagt, dann höre genau zu. Dann sage auch du, was du zu sagen hast.

Du lernst bei dieser **Aktiven Imagination** dein Unbewusstes kennen, das, was tief in dir verborgen ist. Dazu gehört nicht nur Verdrängtes, das dir vielleicht Angst gemacht hat, sondern dazu gehören auch Talente, die du vielleicht hast, aber noch gar nicht kennst. Mit der **Aktiven Imagination** schaffst du »die Einheit von Bewusstsein und Unbewusstem«, sagt C. G. Jung. Und ohne diese Einheit ist eine Entwicklung deiner Persönlichkeit, deiner Individualität, gar nicht möglich.

(C. G. Jung, *Briefe 1946–1955,* Band 2, 1998, Seite 76)

Die Aktive Imagination hat eine fantastische Wirkung, denn unser Unterbewusstsein unterscheidet nicht zwischen einer bildlichen Vorstellung und der Realität. Du erlebst also dein authentisches Ich in der Aktiven Imagination und das heißt: Du siehst nicht nur, *wer* du bist, sondern *du erlebst* dich auch so, *du empfindest* auch so, *du fühlst* auch so.

Ein Beispiel:

> Du stellst dir eine Bergwiese voll blühender Blumen vor. Der Himmel darüber ist blau, du hörst Bienen summen und siehst Schmetterlinge. Du beobachtest genau und nimmst jede Veränderung in dem Bild wahr. Dann gehst du in das Bild hinein und triffst vielleicht deine beste Freundin, die sich wie du an dem Bild erfreut. Du fühlst dich wohl, du freust dich, sie zu sehen, dich durchströmt ein Glücksgefühl. Ihr unterhaltet euch vielleicht darüber, was ihr Schönes erlebt und fühlt.

Das könnte eine sehr angenehme, schöne **Aktive Imagination** sein. Imaginieren ist Training, wie alles im Leben. So, wie du eine Sportart nur durch regelmäßiges Training erlernst, ist es mit dem Imaginieren. Du stärkst durch Übung die »Muskeln« deiner Vorstellungskraft. Imaginieren ist einer der effektivsten Wege, sich das Leben zu erschaffen, das du dir wünschst.

In diesem Buch *führe* ich dich beim Imaginieren, das heißt, ich schlage dir Themen vor, zu denen du dann deine ganz individuellen Bilder imaginierst. Wir könnten das also ganz exakt eine geführte Imagination nennen, bei der du aktiv deine eigenen Bilder kreierst.

IMAGINATION 1 – Wer-und-wie-ich-wirklich-sein-möchte

> In der ersten Imagination gehen wir gemeinsam auf eine wundervolle Reise, um Antworten auf die Fragen zu finden:
>
> Wer möchte ich wirklich sein?
>
> Und:
>
> Wie möchte ich wirklich sein?
>
> Du findest diese Imagination unter
>
> **christian-bischoff.com/bewusstheit**
>
> Es ist hilfreich für dich, dass wir diese Imagination zusammen machen, **bevor** du weiterliest, denn der Verlauf des Buches baut auf dieser Imagination auf.

Mach dir keine Gedanken, wenn dir das Imaginieren am Anfang nicht so gut gelingt. Lass dich nicht entmutigen. Wiederhole die Imagination immer wieder. Du wirst sehen, wie du mit der Zeit besser wirst.

Ein völlig untrainierter Mensch sollte erst mal täglich zwei Kilometer schnell zu Fuß gehen können, ohne aus der Puste zu kommen, bevor er dem Körper dann ein Lauftraining zumutet.

Vielleicht möchtest du diese Imagination in den nächsten Tagen mehrmals machen. Gib dir die Zeit, die du brauchst, um deine Antworten zu finden. Sie sollten dir ein Gefühl der Sicherheit und Ruhe geben. Gleichzeitig sollten sie das Verlangen in dir auslösen, handeln zu wollen. Wenn du so weit bist, hast du den ersten Schritt zur *Bewusstheit* vollzogen.

Bitte lies dieses Buch erst weiter, wenn du deine Antworten gefunden hast.

2

Der Glaube macht dich zum Zauberer

Herzlichen Glückwunsch! Du hast die Antwort auf die Fragen gefunden, welche Rolle du im Leben spielen möchtest und welche Charaktereigenschaften du gerne hättest.

Ab heute gehst du mit *Bewusstheit* durch deinen Alltag und machst dich auf den Weg deines persönlichen Wachstums. Du wirst all deine Begabungen und Talente entfalten, du wirst an allem, was du erlebst, wachsen. Du wirst in jeder Lebenssituation, sei sie positiv oder negativ, die Chance eines weiteren Wachstums für dich erkennen. Du wirst der Mensch werden, den du dir vorstellst. Der Weg dahin wird nicht immer einfach sein, manchmal ist er steinig, manchmal ist er eng und abschüssig, sodass er deine ganze Aufmerksamkeit erfordert. Dann wird er unvermittelt wieder leicht begehbar sein, und du siehst dein Etappenziel bei klarer Sicht.

Nach jeder Etappe, die du erreichst, wirst du dem Ziel näher gekommen sein. Und am Ende des Weges erwartet dich eine reiche Belohnung. Es ist wichtig, sie dir immer wieder vorzustellen, sie zu imaginieren. Je öfter du es machst, desto besser. Vor allem dann, wenn du gerade damit beschäftigt bist, Steine aus deinem Weg zu räumen, um vorwärtszukommen. Dein Lohn wird sein:

- Du bist voller Zuversicht, hast keine Ängste, Zweifel und Sorgen.
- Du spürst volles Vertrauen in dich selbst.
- Du nimmst wahr, wie machtvoll dein Geist und dein Wille sind.
- Du lebst in Frieden mit dir selbst und strahlst das aus.
- Du erkennst alles, was dir begegnet, als Chance, daran zu wachsen.

- Du bist voller Weisheit und hast den Sinn deines Lebens gefunden.
- Du folgst deinen wahren Träumen und Visionen.

Lebe ab heute also, **wer** und **wie** du wirklich sein möchtest. Und mache dir immer wieder bewusst, was mir mein Mentor Jens Corssen immer wieder gesagt hat:

»Das Leben ist mein Training.
Ich befinde mich in einem Lebenstrainingslager.«

Du brauchst herausfordernde Erfahrungen, um besser und stärker zu werden. Denn mit dieser neuen Stärke wirst du die nächsten Herausforderungen meistern und große Fortschritte machen.

- Du hast nun immer das Bild im Kopf, **wer** und **wie** du wirklich sein möchtest.
- Du achtest im Alltag darauf, was du denkst und fühlst.
- Du überprüfst regelmäßig, ob dieses Denken und Fühlen stimmig ist, mit deiner Zielvorstellung.

Eine ganz wesentliche Komponente für deinen Erfolg ist:
Du darfst dir nicht nur wünschen, zu werden, wer du sein willst, und es reicht auch nicht, darum zu bitten. Sondern du musst dir absolut sicher sein, dass es auch geschehen wird.

Du musst mit voller Überzeugung wissen, glauben und fühlen, dass dein Ziel bereits jetzt schon deine Realität ist. Es ist jetzt in diesem Moment bereits real in deinen Gedanken, in deiner Vorstellung.

Gleichzeitig ist es *noch nicht* real in deiner Lebenswirklichkeit.
Du erinnerst dich: Du darfst alles zweimal erschaffen. Zuerst in Gedanken, in deiner Innenwelt. Und erst dann, wenn du es imaginie-

ren, dir vorstellen, glauben und fühlen kannst, wird es auch real in deiner Außenwelt, in deinem Alltag. Und zwar durch dein Tun, dein konsequentes Handeln, deine Aktivität. Dieser zweite Schritt kommt automatisch, wenn du dir in deinen Gedanken und Gefühlen absolut sicher bist, dass dein Zielbild in dir bereits real ist.

Die entscheidende Zauberzutat dafür ist dein Glaube, und zwar dein Glaube an dich selbst. Dein Glaube an die Persönlichkeit, die du werden willst.

> **Glaube** ist die feste Überzeugung, dass jeder Gedanke, mit dem du dich *emotional* ganz und gar, also hundertprozentig identifizierst, für dich auch tatsächlich wahr ist und in deinem Leben real werden wird.
>
> Glaube ist die innere Klarheit und Gewissheit, dass alles, was du deinem Unterbewusstsein *emotional* einprägst, in deinem Leben Wirklichkeit werden muss.

Bitte lies dir diese Definition von Glaube so lange langsam und aufmerksam durch, bis du sie verstanden und verinnerlicht hast. Schließe gerne deine Augen und lasse sie wirken.

Dein Glaube wirkt – IMMER!
In jedem Moment.
Positiv wie negativ!

Wenn ein Mensch sich innerlich sicher ist, dass er ein Versager ist, dann *ist* er es auch. Es ist sein Glaube, der in seinem Kopf real ist und daher auch in sein wirkliches Leben eingedrungen ist und sich immer wieder bestätigt. Denn dieser Mensch wird so handeln, wie er denkt. Nichts wird ihm gelingen.

Das ist seine Wahrheit.

Wenn ein Mensch sich innerlich sicher ist, dass er ein Geschenk, eine positive Bereicherung für die Welt und seine Mitmenschen ist, dann ist er es auch im ganz realen Leben. Er wird viel Positives in seinem Leben bewirken und das Positive anziehen. Jeden Tag aufs Neue wird sich das Positive, an das er glaubt, auch immer wieder bestätigen. Denn es ist sein felsenfester Glaube und damit seine Wahrheit.

Was glaubst du aktuell von dir und deinem Leben?

Lege gern das Buch kurz zur Seite und denke über diese wichtige Frage nach – mit *Bewusstheit*.

Jeder Mensch kann seinen Glauben frei wählen und sich damit die eigene Wahrheit selbst erschaffen.

Dieser Satz ist nicht zu widerlegen. Er ist wahr und kann jetzt, in diesem Moment, zukunftsweisend für dich sein.

Du kannst dir deine Wahrheit selbst erschaffen – mithilfe deines Glaubens.

Wie du dir deine Wahrheit erschaffst

Jeder Mensch wird tagtäglich in seinem Denken, Fühlen und Handeln unbewusst von dem gesteuert, woran er wirklich glaubt. Was er über sich, die Welt, andere Menschen und sein Leben glaubt.

Schauen wir uns die Wirkung von Glauben anhand eines Themas an, über das viele nicht gerne reden: Sexualität.

> Wenn eine Frau, nennen wir sie Anja, tief in ihrem Inneren Nacktheit mit Scham verbindet, wenn sie vielleicht auch noch

> glaubt, Männer würden nur »an das eine« denken und Frauen würden von Männern beim Sex ausgenutzt, wird diese Frau körperliche Intimität gehemmt und befangen erleben. Ihr (unbewusster) Glaube daran, dass Sex nichts Natürliches und Schönes ist, hält sie gefangen. Diese Überzeugung wird ihr nie erlauben, die Magie einer freien Sexualität zu erleben.

Wenn eine Frau, nennen wir sie Claudia, glaubt, körperliche Intimität ist etwas Schönes, heilt alte Wunden und ist ein Lebenselixier, wird sie die eigene Sexualität frei ausleben, unfassbar schöne Momente erleben und tiefe Verbundenheit und Glück erfahren.

Wie du Intimität und Sexualität erlebst, lästig oder erfüllend, hängt primär von deinem (unbewussten) Glauben über Sexualität ab. Genauer: davon, wie du mit deinem eigenen Körper umgehst, ihn empfindest, ob du dich selbst magst, wie du bist.

Warum ist heute das Thema Magersucht so präsent? Und es sind noch nicht einmal nur die Mädchen, sondern auch viele Jungs, die damit Probleme haben.

Der Glaube steuert dein Handeln

Warum geben Weltfirmen, wie Coca-Cola, McDonald's oder Apple Millionen für Werbung aus, obwohl sie gefühlt bereits auf der ganzen Welt präsent sind?

Weil diese Global Player verstanden haben, wie man das Handeln eines Menschen beeinflussen und steuern kann: *über seinen Glauben.*

Apple ist dafür ein Paradebeispiel: Wenn du einmal mit dem Kauf eines Produkts in der Apple-Welt angekommen bist, ist die Wahrscheinlichkeit sehr groß, dass du weitere Produkte von Apple kaufen wirst, weil du in der schönen Welt dieser Marke bleiben möchtest.

Dir wird täglich und überall suggeriert, dass du einzigartig bist, dass du etwas Besonderes bist, wenn du Produkte aus der Welt dieser Marke kaufst und verwendest. Die Bildsprache ist wirkungsmächtig, sie dringt sofort in dein Inneres ein, und zwar anhand der Emotionen, die sie in dir auslöst.

Natürlich sind es nicht nur solche Firmen, die dich durch Botschaften, an die du glauben sollst, verführen wollen. Es sind natürlich auch Menschen in deinem Umfeld, die dir Botschaften senden, an die du glauben sollst.

Mach dir diese Tatsache bewusst und entscheide ab heute sorgfältig, welchen Botschaften du Aufmerksamkeit schenken möchtest und welchen nicht.

Das gehört ganz elementar zur *BEWUSSTHEIT*, die wir ja definiert haben als Achtsamkeit, als Aufmerksamkeit für das, was mit dir geschieht, was in deinem Inneren vorgeht, was dich beeinflusst und steuert. Die neue Kunst im 21. Jahrhundert ist es, zu differenzieren:

- Wovon lasse ich mich beeinflussen und wovon nicht?
- Was kann ich in meinem Leben beeinflussen und was nicht?
- Was ist hilfreich für mich und was nicht?

Alles, was du nicht beeinflussen kannst und was dir nicht hilft, dem schenkst du bewusst keine Aufmerksamkeit. Ob etwas hilfreich für dich ist, findest du am einfachsten raus, indem du in deinen Körper hineinfühlst, ob sich etwas für dich gut und richtig anfühlt oder nicht.

Da dein Glaube an die Persönlichkeit, die du wirklich sein möchtest, unerschütterlich, felsenfest und unzerstörbar sein sollte, darf nichts diesen Glauben erschüttern. Kein Zweifel. Kein Rückschlag. Keine Niederlage. Kein Mensch. Kein Ereignis. Nichts!

Du trainierst deinen Glauben, bis er so stark ist, dass du dir ganz sicher bist:

Ich BIN, *wer* und *wie* ich wirklich sein möchte.

Lass uns für das Training deines Glaubens eine Metapher, ein Bild wählen, das dein episodisches Gedächtnis aktiviert. Wenn du eines meiner Seminare besucht hast, dann kennst du schon das Schlüsselkonzept für dein episodisches Gedächtnis.

Das **episodische Gedächtnis** ist eine Struktur unseres Gehirns, die auch als autobiografisches Gedächtnis bezeichnet wird. Sie speichert persönliche Erlebnisse von dir, aber auch markante andere Ereignisse, von denen du gehört oder gelesen hast und die nicht unmittelbar Einfluss auf dein Leben haben.

In unserem Zusammenhang geht es um das, was du selbst erlebt hast und was dich und deinen Lebenslauf geprägt hat.

Zu unserem Beispiel:

Weiter oben habe ich über einen Mann gesprochen, der sich wünscht, Millionär zu sein, es aber seit Jahren nicht schafft, sich diesen Wunsch zu erfüllen.

Warum?

Weil er innerlich nicht wirklich daran glaubt. Er ist nicht zu hundert Prozent davon überzeugt, dass er Millionär werden kann, er HOFFT nur, Millionär zu werden. Doch er GLAUBT es nicht.

Kann er das ändern, wenn es ihm bewusst ist?

Ja!

Er kann sich, wie du erfahren hast, in einem *ersten Schritt* vorstellen, dass er Millionär ist. Nur wenn ihm dieser erste Schritt gelingt und er in seinem Denken fest daran glaubt und er überzeugt ist, kann er den *nächsten Schritt* vollziehen und durch sein Handeln diesen Wandel vom armen Schlucker oder Kleinverdiener zum Millionär vollziehen. Das geht natürlich nicht so einfach von heute auf morgen, sondern er muss seinen Glauben daran trainieren. Bis sein Glaube fest, stark und unerschütterlich geworden ist. Erst dann kann der zweite Schritt folgen.

Reich werden zu wollen ist nichts Verwerfliches, aber für sich allein genommen macht das doch keinen Spaß und ist unbefriedigend. Denk an die Leute, die im Lotto gewinnen und mit ihrem plötzlichen Reichtum nicht klarkommen. Einige verlieren ihr Geld so schnell, wie sie es bekommen haben. Etwas ganz anderes ist es, wenn du durch Leistung, die du selbst erbracht hast, auf die du stolz sein kannst, ein gutes Einkommen erreichst. Dann liegt die Betonung auf dem *Sein* und nicht auf dem *Haben*. Und die Voraussetzung dafür, dass du so weit kommst, ist dein Glaube an dich selbst und an das, was du vorhast. Gern gebe ich dir ein Beispiel von mir selbst.

> Mit dreißig habe ich meinem Leben eine neue Richtung gegeben. Ich habe meine Karriere als Basketball-Profitrainer beendet und damit begonnen, meinen neuen Lebenstraum zu verwirklichen: Redner und Mentaltrainer zu werden, der Menschen hilft, das Beste aus sich und dem eigenen Leben zu machen.
>
> Das war meine Antwort auf die beiden Schlüsselfragen »*Wer* will ich sein?" und »*Wie* will ich sein?« Schon als Profitrainer habe ich junge Menschen entwickelt, ihnen geholfen, ihre persönlichen Fähigkeiten und Talente voll auszuschöpfen. Dabei ist mir bewusst geworden, wie wichtig genau dieser Aspekt meiner Arbeit als Trainer für mich war, dass ich genau darin meine Berufung sah: Menschen zu helfen, sich selbst und ihren Weg im Leben zu finden.
>
> Der erste Schritt auf meinem neuen beruflichen Weg war, mir immer wieder vorzustellen, wie ich anderen Menschen helfen werde, sich ihrer selbst bewusst zu werden. Der Glau-

be daran, dass ich diese Aufgabe sehr gut erfüllen werde, hat mein Handeln gesteuert. Der feste Glaube daran, dass ich es schaffen werde, hat mir über eine ganz große Hürde hinweggeholfen: meine Angst, vor mehreren Menschen zu reden.

Diese Angst war so groß, dass ich zu schwitzen anfing und Herzklopfen bekam, wenn ich nur vor zwei bis drei Leuten reden musste. Als Trainer hatte ich zwölf Spieler vor mir, zwölf Augenpaare, die mich jedes Mal, wenn ich allen etwas erklären, etwas sagen wollte, erwartungsvoll anschauten. Das fühlte sich an, als wenn sie mich in dem Moment beurteilen würden. Es war absolut stressig.

Ich habe *gehofft,* dass meine Angst langsam verschwinden würde, dass sie von Mal zu Mal geringer würde. Doch sie verschwand nicht von allein, ich musste etwas ganz Entscheidendes tun, um mein neues berufliches Ziel zu verwirklichen und meine Redeangst zu verlieren. Ich musste fest daran *glauben*, dass ich es schaffe, die Redeangst zu überwinden. Und das habe ich gemacht, indem ich mir jeden Abend vorgestellt habe, wie ich souverän vor vielen Menschen sprach. Und ich stellte mir auch vor, wie ich einzelnen Menschen in intensiven Coachings half, den Blick auf sich selbst und ihr Leben zu verändern, und ganz viele andere Menschen schauten dabei zu. Ich stellte mir vor, wie sich Menschen anschließend bedankten und sagten: »Ich möchte auch so selbstbewusst vor Menschen sprechen können.« Jahrelang imaginierte ich das jeden Tag, sah mich, wie ich sein wollte, und gleichzeitig entwickelte ich diese Fähigkeit im realen Leben, weil ich sie als Redner und Mentalcoach übte.

Nur darauf zu *hoffen,* dass dieser Traum in Erfüllung ginge, reichte nicht. Ich musste ihn in meinem Kopf Wirklichkeit werden lassen, um ihn dann in meinem Leben real umzusetzen. Mit dreißig habe ich diese *Bewusstheit* erlangt und meinen Glauben daran, *wer* ich sein wollte und *wie* ich sein wollte, trainiert. Tag für Tag habe ich es mir vorgestellt. Der nächste Schritt war mein Handeln.

Zuerst habe ich vor wenigen Schülern geredet. Das war nicht einfach, denn ich hatte Angst, abgelehnt zu werden, Angst davor, dass sie nicht gut finden, was ich sage. Immer wieder habe ich Blut und Wasser geschwitzt, die Nacht davor nicht geschlafen. Gleichzeitig habe ich mir jeden Tag vorgestellt, wie ich irgendwann vor ganz vielen Menschen frei und ohne Angst sprechen kann. Ich wollte mich unbedingt befreien von dieser Angst, und dazu brauchte ich Mut. Mut heißt, trotz Angst zu handeln.

Ich befand mich bildlich gesprochen am Fuß einer langen Treppe mit zehntausend Stufen. Jede Stufe stand für einige Menschen mehr, vor denen ich redete. Auf der ersten Stufe dieser Erfolgstreppe war es ein Dutzend Schüler, auf der nächsten Stufe wurde es eine Schulklasse, dann mehrere Klassen. Und immer noch kostete es mich viel Energie und Überwindung, vor den Schülern zu sprechen. Irgendwann habe ich mein Stirnband aufgesetzt, ein Markenzeichen aus meiner Basketball-Zeit. Es half mir, mich mit mir selbst identisch zu fühlen. Es half mir dabei, die Frage auszublenden: »Was denken die anderen? Über das, was ich ihnen sage, und über mich?« Wichtig war nur, dass ich beim Reden authentisch war.

Je weiter ich auf der Erfolgsleiter nach oben stieg, desto mehr hat mich mein Mut belohnt. Ich wurde sicherer, souveräner und von Mal zu Mal angstfreier: Im Februar 2012 waren es schließlich 5000 Schüler, vor denen ich sprach. Und genauso lief es bei den Seminaren: Anfangs, 2009, hatte ich 80 Teilnehmer im Seminar, und im September 2018 in Dortmund bei dem Event *Die Kunst, dein Ding zu machen* hatten wir 5500 Teilnehmer. 2019 waren es in der Köln-Arena gar 15 000 Menschen.

Die Angst – oder nenne es Lampenfieber – verschwindet nie vollständig, doch das ist auch nicht notwendig, sie hilft dir,

> dich zu konzentrieren. Sportlern geht es vor Spitzenleistungen ähnlich: Das Adrenalin lässt sie glasklar denken und das Ereignis vorwegnehmen.
>
> Wichtig ist, dass du vollkommen überzeugt bist von dem, was du machst. Das bin ich, und es ist erfüllend.

Stell dir vor, du würdest gerne eines Tages die Leitung der Firma übernehmen, in der du arbeitest. Oder du möchtest dich bald selbstständig machen und siehst dich schon mit mehreren Angestellten bei guter Auftragslage als Chefin beziehungsweise Chef einen tollen Job machen. Vielleicht hast du auch einen ganz anderen beruflichen Traum?

Hast du jetzt noch leise Zweifel, wie du erreichen sollst, was du möchtest?

Du weißt im Moment vielleicht noch nicht, dass du es schaffen kannst, weil du den Weg noch nicht kennst. Weil du noch keinen Plan im Kopf hast, der dir umsetzbar erscheint.

Jede Lebenssituation gibt dir neue Aufgaben, die zu lösen sind. Und wenn du es erst einmal geschafft hast, auf der ersten Stufe deiner Erfolgsleiter zu stehen, wird dir auch eine Idee kommen, wie du die nächste Stufe erreichen kannst. Wichtig ist nur, immer wieder dein Ziel zu imaginieren, an das du felsenfest glaubst. Dann wird alles Weitere wie von selbst kommen. Du wirst handeln.

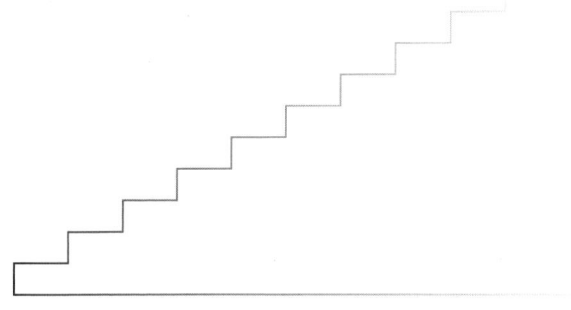

Dieses Bild kannst du dir für jede Entwicklung in allen Lebensbereichen vorstellen. Die einzelnen Treppenstufen stehen für realistische, gut erreichbare kleine Etappenziele auf dem Weg nach ganz oben. Und jede neu erklommene Stufe schenkt dir als Belohnung etwas mehr Selbstvertrauen – du traust dir den nächsten Schritt etwas mehr zu.

Ich habe das Thema »vor vielen Menschen reden« gewählt, weil es so plakativ und eingängig ist. Wenn du ein ganz anderes Ziel hast, macht dir mein Beispiel bewusst, wie deine Entwicklung verlaufen kann.

Stell dir vor, jedes deiner Ziele und jeder Lebensbereich – Beruf, Partnerschaft, Familie, Freunde, Gesundheit – kann anhand solch einer Entwicklungstreppe dargestellt werden.

Auf welcher Stufe stehst du aktuell in diesen verschiedenen Lebensbereichen?

Vermerke deinen aktuellen Stand in dem unten stehenden Stufenbild. So gewinnst du mit *Bewusstheit* – also Achtsamkeit, Aufmerksamkeit – die notwendige Klarheit darüber, wo du im Moment stehst.

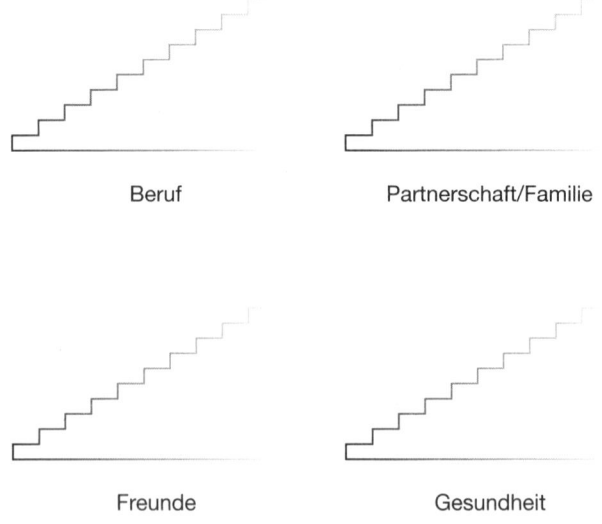

Nehmen wir noch ein anderes Beispiel, um das zu verdeutlichen:

> Inga hat eine Familie, die ihr viel wert ist, einen Mann, den sie liebt, und zwei Kinder. Bevor sie zum zweiten Mal Mutter geworden ist, war sie in ihrem Traumberuf tätig. Nun sind die Kinder in der Schule, und Inga spürt, dass ihr nun eine sinnvolle Beschäftigung fehlt, denn sie ist kein Hausmütterchen. Ihr Mann klettert gerade die Karriereleiter hoch und setzt voll darauf, dass sie den ganzen Haushalt alleine schmeißt. Schließlich verdient er ja das Geld. Seine Erwartung macht Inga ganz kribbelig, und sie erzählt ihm, dass sie wieder arbeiten gehen möchte und was das für die gesamte Familienorganisation bedeutet. Das ist kein leichtes Gespräch. Inga nimmt wahr, dass ihr Mann mit ihrem Vorhaben hadert und ihr aus dem Weg geht. Ingas Ziel ist es, ihren Traumberuf wieder auszuüben. Wenn sie es wirklich will und fest daran glaubt, dass es real wird, wird sie es schaffen. Immerhin hat sie einen ersten Schritt unternommen und mit ihrem Mann darüber gesprochen. Sie kann ihren Stand auf der Treppe eintragen und überlegen, wie sie auf die nächste Stufe gelangen kann. Sie wird sich nun nach einer Stelle umsehen und gleichzeitig planen, wie das Familienleben Schritt für Schritt umorganisiert werden kann. Und sie wird Argumente sammeln, um ihren Mann davon zu überzeugen, dass ihr Vorhaben auch ihm Vorteile bringen wird.

Jetzt kommt die spannende Frage an dich:

Wenn du dir die einzelnen Stufen der verschiedenen Treppen in deinen Lebensbereichen anschaust, wie groß könnte jeweils ein Sprung auf die nächste Stufe sein? Er kann natürlich nur so groß sein, wie dein GLAUBE fest ist, was das jeweilige Thema betrifft. Nur dann kannst du den Sprung auch meistern.

Wo ist aktuell deine Glaubensgrenze?

Verdeutlichen wir uns diese Frage noch einmal anhand meines *Frei-vor-vielen-Menschen-reden-können*-Beispiels:

Anfangs waren es nur wenige Schüler, vor denen ich sprach, dann wurde es eine Schulklasse, dann mehrere. Niemals hätte ich sofort die ganze Treppe erklimmen können. Auf jeder neuen Stufe habe ich mir überlegt, wie viele weitere Stufen ich auf einmal nehmen könnte, wie viele Stufen ich mir zutrauen konnte und dabei unerschütterlich an meinem Glauben, dass ich es schaffe, festhalten konnte.

Übertrage dieses Beispiel nun auf deine Ziele und Lebensbereiche, indem du dir die beiden folgenden Fragen beantwortest:

- Wie groß kann ein Sprung, etwa auf deiner Treppe *Beruf*, sein, dass du gerade noch daran GLAUBEN kannst, diesen Sprung zu meistern?
- Wo ist aktuell deine GLAUBENSGRENZE?

Markiere dir diesen Punkt bitte auf jeder Treppe wie in folgendem Beispiel.

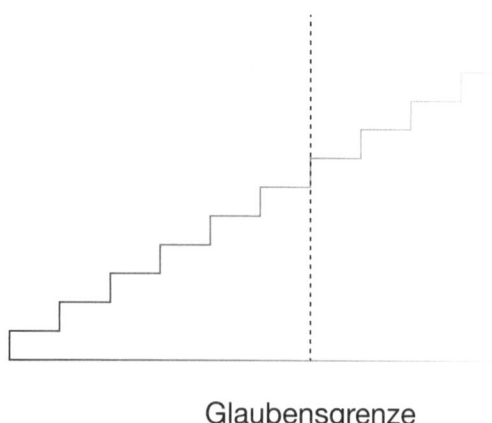

Glaubensgrenze

3
Intuition – ein wertvoller Wegweiser

Wir haben schon darüber gesprochen, wie Gedanken und Gefühle zusammenhängen. Die einen beeinflussen die anderen und umgekehrt. Negative Gedanken aktivieren negative Gefühle in dir, negative Gefühle wiederum verschaffen dir negative Gedanken.

Unser Ziel ist es, positive Gedanken und positive Gefühle in ihrer Wechselwirkung zu erleben.

Die Grundlagen, wie das funktioniert, wie du dafür sorgen kannst, dass sich dein Leben damit ändert, hast du schon kennengelernt. Doch es gibt noch eine wichtige Instanz, die dich bei der Umsetzung unterstützen kann: *die Intuition*.

Lass es mich beweisen:

In deinen Gefühlen steckt deine persönliche Wahrheit.

Wir sagen im Alltag oft: »Das ist mein Bauchgefühl.« Wir meinen damit das, was wir auch als *Intuition* bezeichnen. Die Intuition wahrnehmen zu können ist eine Fähigkeit, die zur *emotionalen Intelligenz* gehört. Du weißt, dass zur *emotionalen Intelligenz* viele Bücher geschrieben wurden. Ihre Entdeckung hat unser Verständnis von Gefühlen grundlegend verändert.

Neben der Intuition, also dem Wahrnehmen der eigenen »Bauchgefühle«, gehört zur emotionalen Intelligenz auch die Fähigkeit, die Gefühle *anderer* Menschen richtig zu verstehen und zu interpretieren. Sicher kennst du auch Situationen aus deinem Leben, in denen das nicht immer so gelingt. Manchmal missdeuten wir einen Gesichtsausdruck von jemandem, weil wir eine bestimmte Erwartung haben. Wenn wir zum Beispiel jemanden um einen Gefallen bitten und schon ahnen, dass er sich darüber nicht freut, etwas für uns zu erledigen, dann ist es sehr wahrscheinlich, dass wir seinen Gesichtsausdruck auch negativ deuten. Oder wir erwarten eine mündliche Reaktion, bekommen sie nicht und missdeuten das Schweigen als Ablehnung.

> Die Mutter bittet ihren Sohn, sein Zimmer aufzuräumen, weiß, dass er das gar nicht gerne macht, und rechnet schon damit, dass er ablehnend reagiert. Doch weil ihr Sohn schon selbst nicht mehr das findet, was er im Zimmer sucht, reagiert er nur mit einem Kopfnicken, was sie in dem Moment nicht wahrnimmt, weil sie ihn gerade nicht anschaut. Und da er nichts sagt, nimmt sie an, dass er motzen und nicht aufräumen wird, weil sie es so erwartet. Und schon ärgert sie sich zu Unrecht.

Das Beispiel zeigt, wie wichtig es ist, klar miteinander zu kommunizieren, um sich nicht misszuverstehen. Die Mutter könnte ihren Sohn anlächeln und ihm sagen, dass sie sich freut, wenn er ihre Bitte erfüllt. Dann würde sie erkennen, dass er die Bitte (jedenfalls dieses Mal) nicht ablehnen wollte. Auch solche Gesten wie das Sich-Anschauen, wenn du mit jemandem sprichst, zeigen *Bewusstheit* im wahrsten Sinne des Wortes, nämlich achtsam zu sein miteinander.

Kommen wir aber nun auf den ersten Teil der emotionalen Intelligenz zurück, das »Bauchgefühl«, die Intuition. Spannend ist, dass gar nicht alle Menschen davon reden, dass ihr »Bauchgefühl« ihnen dies oder jenes sagt. Denn es gibt Menschen, die dieses »Bauchgefühl« in sich gar nicht zulassen, die nur logisch argumentieren und das für einzig richtig und vernünftig halten. Es wird dich nicht wundern, dass wir Männer, vor allem ältere, eher dazu neigen. Das liegt wohl schlicht an der Erziehung, dass den Jungen früher eingeimpft wurde, Männer sollten stark sein und nicht weinen. Glücklicherweise hat sich das inzwischen deutlich verändert.

Doch es gibt immer noch viele Menschen, die nicht auf ihren Bauch hören.

In den letzten zwanzig Jahren haben sich sehr viele Wissenschaftler mit dem Thema Bauchgefühle beschäftigt. Und die Essenz dessen, was sie herausgefunden haben, ist sensationell:

Wir haben ein Bauchgehirn. Unsere Intuition ist eine intelligente Instanz!

Unsere Intuition ist unserem logisch-rationalen Denken sogar in gewisser Weise überlegen.

Warum?

In unserer Entwicklungsgeschichte hat sich zuerst unser sogenanntes Reptiliengehirn ausgebildet, das unsere Reflexe steuert. Wenn wir in der Savanne vor einem Raubtier fliehen mussten, konnten wir nicht lange darüber nachdenken, ob Flucht oder eine Finte, das heißt eine Täuschung des Tieres, die richtige Reaktion waren. Wir mussten vor allem SCHNELL sein. Viel schneller, als unser langsames Denkhirn, das ist unser Großhirn, sein konnte. Das Reptiliengehirn arbeitet nämlich (bis heute) unbewusst und blitzschnell. Unsere Vorfahren nahmen also die Beine in die Hand, sobald sie eine Gefahr spürten.

Und dieses Reptiliengehirn, das wir heute noch tief im Schädel unter unserem Großhirn besitzen, ist nicht etwa »dumm«, weil es nur reflexhaft entscheidet. Nein, es ist äußerst intelligent: Es hat sich aus den Lebenssituationen unserer frühesten Vorfahren heraus entwickelt. Wer in Gefahrensituationen nicht schnell genug war, ist eben gestorben. Die Überlebenden haben ihr Hirn für unbewusste, reflexhafte Reaktionen ausgebildet. Dieses Reptiliengehirn funktioniert automatisch und unbewusst über unser Nervensystem, das tatsächlich im Bauch ein starkes Geflecht hat – um es einmal ganz verständlich und plakativ auszudrücken (von den sieben Hauptchakren ist es das Sonnengeflecht, der Solarplexus). Du kannst das, wenn es dich interessiert, in populärwissenschaftlichen Büchern oder bei Wikipedia im Detail nachlesen.

Hier interessiert uns jetzt nur die Tatsache, dass die neuere Wissenschaft bestätigt hat, wie wichtig *Intuition* für uns Menschen ist. Und vor allem, dass die Intuition »schneller denkt« als unser jüngeres Großhirn.

Konkret: Bevor du durch Nachdenken zu einem Entschluss kommst, etwas zu tun, »weiß« es deine *Intuition* bereits. Deswegen ist das achtsame Hören auf dein »*Bauchgefühl*«, auf deine *Intuition*, ein so wertvoller Wegweiser.

Wenn du an dein Ziel denkst, dich in das Ziel hineinfühlst und dir sicher bist, dass du es erreichst, dann bist du auch bereit für die Umsetzung und den Erfolg.

Wenn du an dein Ziel denkst und es kommen negative Gefühle in dir hoch (Zweifel, Ängste oder gar Panik), dann ist das Ziel wahrscheinlich im Moment noch eine Nummer zu groß für dich. Die Betonung liegt auf »im Moment«. Mit Training wirst du auch dorthin kommen.

Ein paar negative Gefühle oder ein bisschen Anspannung sind nicht schlimm. Ganz im Gegenteil: Sie gehören dazu. Denn das kann ich dir als ehemaliger Sportler aus Erfahrung sagen: Eine leichte Nervosität und Anspannung erhöhen deine Konzentration. Und nur damit kannst du in den entscheidenden Momenten Höchstleistungen erbringen.

Übrigens beurteilen die meisten Menschen diese Körperempfindungen der Nervosität und Anspannung als Angst. Nein, es ist keine Angst, sondern es sind positive Zeichen deiner Konzentration. Du kennst vielleicht auch Lampenfieber, wenn du einen Vortrag halten musst oder Musik machst oder Ähnliches. Ein leichtes Lampenfieber hilft dir, das Beste aus dir herauszuholen und bereit zu sein, zur Höchstleistung aufzulaufen. Selbst berühmte Schauspieler kennen es und wissen damit positiv umzugehen.

Und ich? Sicher willst du wissen, wie das bei mir selbst ist?

Wenn ich backstage kurz vor dem Beginn eines Seminars stehe, bin ich immer leicht angespannt und nervös. Ich bin dankbar dafür, denn ich weiß: Sobald ich auf der Bühne bin, werde ich diese Energie nutzen und, im Zustand der Höchstleistung, meine innere Klarheit in Worte verwandeln.

Du nimmst also deine Angespanntheit und Nervosität und MACHST DEIN DING trotzdem und merkst: Wow, das geht! Anschließend sind die »Angst« und die negativen Gefühle weg.

Doch wenn die Zweifel *zu* groß werden, wenn du vielleicht sogar in Panik verfällst, dann bist du einfach noch nicht bereit für den Schritt, den du dir vorgenommen hast.

Kein Problem!

Übe, und du wirst eines Tages bereit sein.

Deswegen besteigt jeder Mensch in jedem Lebensbereich und beim Verfolgen seiner Ziele seine Entwicklungstreppe in seinem eigenen individuellen Tempo. Keiner kann voraussagen, wann er sein Ziel erreicht. Niemand kann vorhersagen, wann er der ist, der er wirklich sein möchte.

Das ist auch nicht entscheidend. Hauptsache, du gehst auf deiner Treppe weiter. Entscheidend ist, *dass* du gehst – in *deinem* Tempo.

Niemand kann den Erfolg eines Menschen, der konsequent seine Entwicklungstreppe hinaufsteigt, verhindern!

4

Wertschätzung beginnt bei dir selbst

Ein weiteres sehr wichtiges Thema für dich, das wir oben zwar schon hie und da angerissen, aber noch nicht so richtig unter die Lupe genommen haben:

Warum fühlen sich so viele Menschen wertlos?

Weil sie diese Wertlosigkeit in ihrem Kopf selbst erschaffen haben.

Wenn ein Mensch immer wieder denkt: »Ich bin nichts wert«, und er jeden Tag mit diesem (unbewussten!) Fokus durch sein Leben geht, sucht er – und das ist das Spannende und Fatale daran – ständig nach Beweisen, die seine eigene Wertlosigkeit untermauern.

Immer wenn ihm etwas nicht gelingt, denkt er unbewusst: »Ich wusste doch, ich bin nichts wert.« Oder abgewandelt: »Ich wusste doch, dass ich das nicht kann.«

Ich kannte zwei Schwestern, die auf dasselbe Gymnasium gingen. Lisa hatte in Englisch bei Frau Scheidt eine Fünf. Ansonsten war sie keine schlechte Schülerin, aber irgendwie mochte sie die Lehrerin nicht. Als ihre drei Jahre jüngere Schwester Anna Frau Scheidt als Englischlehrerin bekam, dachte Anna: »Oje, das wird nix, meine Schwester hatte bei ihr ja schon eine Fünf in Englisch.« Und prompt schrieb Anna als erste Note eine Vier. Mündlich war sie aber gar nicht so schlecht. Und da sagte eines Tages Frau Scheidt zu Anna: »Du musst nicht den-

> ken, dass ich dich und deine Schwester miteinander vergleiche. Du kannst auch im Schriftlichen besser werden. Versuch es doch!« Und siehe da, Anna war motiviert, lernte nun auch mehr und schrieb von da an Zweien und Einsen in Englisch.

Das ist ein eher harmloses kleines Beispiel aus der Schule, aber auch solche kleinen Beispiele können ungeahnte Folgen haben. In diesem Fall positive.

Ein anderes Beispiel von einem unserer Seminarteilnehmer, das schon schwerer wiegt:

> Andreas, der Sohn eines Handwerkers, sollte einmal mehr erreichen als sein Vater. Die Eltern schickten den Jungen aufs Gymnasium, und der Vater, der seinen Sohn durchaus liebte und nur sein Bestes wollte, redete ihm ein, er solle Zahnarzt werden. Dann werde er gutes Geld verdienen und keine Sorgen haben. Also besuchte Andreas den naturwissenschaftlichen Zweig eines Gymnasiums.
>
> Dann stellte sich aber heraus, dass Andreas besonders begabt für die geisteswissenschaftlichen Fächer war. Er hatte Einsen in Deutsch, Sozialkunde, Politik, aber eine Fünf in Mathe. Sein Mathelehrer entmutigte Andreas komplett, indem er sagte: »Andreas, aus dir wird nie was!«
>
> Andreas setzte das sehr zu. Er entwickelte regelrecht Angst vor den Mathestunden. Und er dachte mir Grauen ans Abitur. Der Traum des Vaters, Andreas Zahnmedizin studieren zu lassen, schien dahin. Andreas wurde unglücklich, denn er konnte es weder dem Vater noch dem Lehrer recht machen. Da er selbst nicht mehr an sich glaubte, wurde er in den Mathestunden derart nervös, dass er gar nicht mehr in der Lage war, die Aufgaben mit klarem Kopf zu lösen. Und je schlechter er wur-

> de, desto mehr Verachtung ließ ihn der Lehrer spüren. Meist ganz subtil, aber mit enorm großer Wirkung.
> Aber Andreas hatte Glück: Kai, sein Klassenkamerad und bester Freund, war in Mathe spitze. Kai half Andreas, erklärte ihm geduldig die Aufgaben und redete ihm gut zu. Und da Andreas nicht dumm war, holte er langsam auf. Kai bewunderte Andreas' Redetalent, seine guten Noten in Deutsch und anderen Fächern. Kai war es auch, der Andreas in Mathe durchs Abi half.
> Andreas studierte nach dem Abi nicht Zahnmedizin, sondern Geisteswissenschaften. Er promovierte in Philosophie, was seinen Vater sehr stolz machte. Und heute ist Andreas als Manager mit großem Verhandlungsgeschick erfolgreich.

Der Vater hatte es gut mit seinem Sohn gemeint, aber ihm den Gedanken eingepflanzt, er müsse Zahnarzt werden.

Für Andreas war das eine schwere Hypothek, er kam nur mit Mühe im naturwissenschaftlichen Zweig in der Schule klar. Als er dann noch von seinem Mathelehrer restlos entmutigt wurde, hätte er beinahe aufgegeben.

Wenn du einmal glaubst, nichts wert zu sein, und wenn du dich entsprechend verhältst, bekommst du ständig durch andere die Bestätigung, nichts wert zu sein. Das ist ein Teufelskreis, aus dem du nicht mehr herausfindest ohne *Bewusstheit*.

Dieses Wertlossein erschaffst du letzten Endes selbst, auch wenn die Wurzeln dafür falsche Glaubenssätze sind, die du irgendwann in deinem Leben angenommen hast und unbewusst pflegst. Unser Umfeld ist der Spiegel für unsere eigene Geisteshaltung.

Wertlosigkeit erschafft ein Mensch sich unbewusst selbst in seinem Kopf. Er nährt diese Wertlosigkeit ständig aufs Neue. Aus diesem fatalen Teufelskreis kann er jedoch ausbrechen: Er kann es ändern, indem er *anders denkt*.

In meinem Seminar war einmal eine Teilnehmerin, nennen wir sie hier mal Katja, mit genau dieser Thematik. Jeden Tag wurde sie von Kollegen im Job gemobbt. Auch mit ihren Kindern gab es ständig Konflikte, weil ihr Nachwuchs sie herumkommandierte und nicht respektierte. Und ihr Mann machte Katja auch noch jeden Tag mental fertig. Irgendwann war sie innerlich total gebrochen.

Langsam wurde ihr während des Seminars bewusst, dass *sie selbst,* dass ihr eigenes Verhalten, die Ursache für diese Wertlosigkeit war. Ihr Umfeld war nur der Spiegel für das, was Katja selbst von sich dachte. Da machte es klick in ihrem Kopf, und etwas Ungeheuerliches geschah mit ihr.

Kurz nach dem Seminar ging Katja fest entschlossen zur Arbeit, bat die Kollegen um ein Gespräch und erklärte ihnen mit fester Stimme, dass sie das Mobbing ihrer Person ab sofort nicht mehr akzeptieren würde. Sie fing an, sich zu wehren.

Die Kollegen waren erstaunt, und das Mobbing ließ tatsächlich deutlich nach. Es hörte nicht komplett auf, wie es Katja sich erhofft hatte, doch immerhin wurde es deutlich besser. Und Katja trainierte regelrecht, sich nicht mehr alles gefallen zu lassen. Nach sechs Monaten kündigte sie ihren Job und fand sofort einen neuen Arbeitgeber. Nun konnte sie mit Kollegen zusammenarbeiten, die Katja als selbstbewusste Kollegin wahrnahmen. Von Katjas Vergangenheit wussten sie ja nichts. Bis heute wird sie am neuen Arbeitsplatz geschätzt und geachtet.

Nach der Kündigung suchte Katja als Nächstes die konstruktive Auseinandersetzung mit ihrem Mann. Als diese nach einigen Monaten nicht den Erfolg brachte, den Katja sich wünschte, trennte sie sich von ihrem Mann und machte sich damit selbst ein Geschenk. Sie kam innerlich zur Ruhe, hatte Zeit, über sich selbst und das, was sie im Leben wirklich wollte, nachzudenken. Und sie öffnete sich für eine Partnerschaft,

> in der ihr Wesen geschätzt wurde. Es dauerte genau drei Monate, bis dieser Seelenpartner vor der Tür stand.
>
> Ihren Kindern gegenüber ist Katja heute viel konsequenter und umsetzungsstärker geworden. Das hat ihr deutlich mehr Respekt eingebracht.
>
> Und ganz nebenbei hat sie ihren Kindern vorgelebt, wie sie selbst ihr Leben aktiv gestalten und aus einer Misere glücklich hervorgehen können.

Heute führt Katja ein völlig anderes Leben und vor allem: Sie liebt sich selbst. Der Startschuss für diese Veränderung war die *Bewusstheit*, die sie im Seminar erlangt hat. Von da an dachte sie anders über sich selbst und fühlte sich auch anders.

Ob das Leben *für* dich ist, entscheidest du selbst

Es sind immer deine Gedanken, die häufig unbewusst in dir wirken und so deine äußere Lebensrealität gestalten.

Trainiere also zwei Dinge:

1. *Beobachte deine negativen Gedanken und Gefühle und ersetze sie bewusst durch positive.*
   Übe das so lange, bis du dieses Training beherrschst. (Anmerkung: Das kann dauern!)

Anstatt immer wieder zu denken: »Ich bin nichts wert« oder »Ich kann das nicht«, und damit automatisch Beweise zu sammeln, die dir die eigene Wertlosigkeit belegen, denke lieber bei jedem Schritt, den du gehst: »Ich bin wertvoll«, und sammle Beweise für diese Aussage.

2. *Optimisten sind die wahren Realisten.*
Gewöhne dir an, positiv über dich selbst, über andere Menschen und über das Leben zu denken. Denn alles geschieht immer so, wie du denkst. Dein (unbewusster) Glaube steuert dich.

Baue in deinem Kopf ein klares Bild auf, wer und wie du wirklich sein möchtest. Setze dir dabei keine Grenzen.
Denke an das, was du in deinem Leben erleben und sein möchtest. Erlebe innerlich diese Bilder, als wären sie jetzt bereits Realität. Spüre bei diesem Erleben all die damit verbundenen positiven Gefühle. Sobald du dies denken, sehen und fühlen kannst, ist es bereits Realität – in deinem Innern.
Diese Realität ist ab heute deine neue Wahrheit. Deine bessere Wahrheit. Mit der du deine Lebenszeit besser nutzt. Und ein immer besserer Mensch wirst.

- *Weigere dich, irgendetwas anderes zu glauben.*
- *Weigere dich, irgendetwas anderes zu akzeptieren als das Beste für dich und dein Leben.*
- *Weigere dich, irgendwelche anderen Wahrheiten in deinen Kopf hineinzulassen, egal, was du liest, hörst, siehst oder was jemand zu dir sagt.*

Denke daran:
Nur du entscheidest darüber, was du von dir selbst glaubst.

Dein Glaube wird deine Realität. Nur du erschaffst diese Realität.
Das Leben muss nicht Ja zu dir sagen. Du musst auch nicht um etwas bitten.
Du musst auch nicht würdig sein. Du musst dich auch nicht erst innerlich frei von Schuld und Sünde sprechen.

Du musst innerlich nur zu 100 Prozent wissen, glauben und fühlen, dass das Wer-und-wie-du-wirklich-sein-Möchtest, das, was du dir vorstellst, deine Realität ist und sein wird.

Der größte Irrglaube, den ein Mensch haben kann, ist, dass das Leben, die Mitmenschen, die Politiker oder unsere Gesellschaft ihm etwas Böses antun wollen. Dass das Leben gegen ihn gerichtet sei.

Nichts und niemand ist gegen dich!

Jeder Mensch handelt so, wie er das für richtig hält. Mein Mentor Jens Corssen sagt immer: »Jeder Mensch hat recht in seinem Angst- und Denksystem. Das Gleiche gilt für dich: Du hast recht – immer.« Und so hast du das, was du aktuell bist und hast, an dich gezogen – mit deiner Art, so zu sein, wie du heute bist.

Ob alle für oder gegen dich sind, entscheidest du ganz allein in deinem Kopf.

Entscheide bitte weise!

Angst und Vertrauen – zwei intensive Grundgefühle

Menschen, die (noch) nicht glauben, dass sie mit ihren Gedanken und Gefühlen ihre Realität erschaffen, öffnen ihrem größten Feind die Tür: *der Angst.*

Alles, was du denkst, fühlst und tust, basiert letztlich auf einem von zwei Grundgefühlen: deiner *Angst* oder deinem *Vertrauen.*

Das Gefühlspendel der meisten Menschen schwingt permanent zwischen diesen beiden Polen hin und her.

Die Sprache deiner Seele soll *Vertrauen* sein. Wie wichtig Vertrauen und vor allem Selbstvertrauen sind, davon haben wir hier schon gesprochen. Doch ich kann es nicht oft genug betonen. Für deinen neuen Lebensweg, für deine neue Zukunft ist es ganz wesentlich, dass du dich von der Angst verabschiedest. Denn *Angst tötet Vertrauen.*

Vertrauen in dich selbst und in das Leben, in deine Zukunft zu investieren, ist für dich wie eine Lebensversicherung.

Mit *Bewusstheit* wirst du die Angst vertreiben können und dein Vertrauen stärken.

Befreie dich von Angst!

Die Angst tragen wir als Erbe der Evolution in uns. Im Zusammenhang mit der Intuition habe ich dir von unserem Reptiliengehirn erzählt, das reflexhaft funktioniert.

Wenn der Löwe, das Flusspferd oder sonst ein Raubtier auf der Spur unserer Urahnen war, hat ihr »Bauchgefühl« unseren Ahnen »geraten«, die Flucht anzutreten. Die Angst vor dem tödlichen Angriff hat eine reflexhafte Flucht aktiviert, wie wir sie auch von Tieren kennen. Daher sprechen wir ja auch von unserem »Reptiliengehirn«, weil es der entwicklungsgeschichtlich älteste Teil unseres Gehirns ist, der unbewusst funktioniert.

Diese Angst spürst du »im Bauch«. Sie hält dich davon ab, so frei zu leben, wie du wirklich leben möchtest. Mit *Bewusstheit* wirst du sie identifizieren und dich von ihr verabschieden können.

Wie du sie erkennen kannst, das haben wir schon im Abschnitt über den Glauben besprochen. Das Negative, woran du glaubst, was dir sehr früh eingeimpft wurde, was sich in dir festgesetzt hat, ist verwandt mit der Angst.

Die vielen negativen Sätze, die du irgendwann und irgendwo aufgeschnappt hast und die du – noch im Zustand der Unbewusstheit – als Wahrheit abgespeichert hast, nähren die Angst in dir.

Es ist wichtig, dass du die *Bewusstheit* entwickelst, alle deine Denkinhalte zu erkennen, wahrzunehmen und zu entscheiden, was dir nicht dienlich ist für dein Leben.

Diese Gedanken setzt du mitsamt den dazugehörigen Gefühlen sofort vor die Tür und gestattest ihnen keinen Zutritt mehr zu deinem Geist.

Du kannst dir stattdessen jederzeit das, was du dir wünschst, in dein Leben ziehen. Wie das geht, darüber sprechen wir im nächsten Abschnitt.

Also:

Vertraue dir. Vertraue dem Leben.
Entscheide, *wer* und *wie* du wirklich sein möchtest.
Im Leben geht es um Sein, nicht um Haben.
Fokussiere dich auf deine positiven Gedanken und
assoziiere die schönsten Gefühle damit.
Das ist die einzig sichere Wahrheit.
Alles andere ist falsches Denken.

5

Nutze den Magnetismus für dich

Mit Bewusstheit erkennst du, dass das, was ein Mensch denkt und fühlt, maßgeblich dafür ist, was er ausstrahlt, wie er auf andere wirkt.

Und nun kommt das Faszinierende, das wir uns immer wieder bewusst machen müssen:

Was ich ausstrahle, das wirkt auch auf mich zurück oder – ich ziehe es magnetisch an.

Bin ich wach, aufmerksam und positiv, werde ich so auch von anderen wahrgenommen. Stell dir vor, du sitzt im Bus oder in der U-Bahn, hast dein Handy zu Hause vergessen, worüber du dich kurz geärgert hast, aber jetzt schaust du aus dem Fenster und nimmst seit Wochen zum ersten Mal wahr, dass die Bäume grün werden, dass sich frisches Laub zeigt. Du lächelst und stellst dir vor, wie du am Wochenende mit Freunden rausgehen wirst, um den Frühling zu feiern. In dem Moment steigt jemand ein und setzt sich lächelnd neben dich. Du lächelst zurück.

Links und rechts wären auch noch Plätze frei gewesen, doch jetzt nimmst du wahr, dass dort Leute sitzen, die völlig abwesend wirken, in sein Handy vertieft der eine, die andere stiert mit traurigem Blick aus dem Fenster.

Und denk mal über deine Umgebung nach, über die Menschen, die du tagtäglich im Job oder in deinem häuslichen Umfeld siehst. Wer ist dir sympathisch und warum? Wen bewunderst du und warum? Mit wem möchtest du mal gern näher bekannt sein und warum?

Du wirst schnell feststellen, dass es Menschen sind, die etwas ausstrahlen, sei es …

- *dass sie empathisch und liebevoll sind wie vielleicht die Kindergärtnerin, die deinen Sohn morgens in Empfang nimmt;*
- *dass sie aufmerksam und fürsorglich sind wie der Assistent in deiner Abteilung, der dich morgens fragt, ob er dir einen Kaffee holen soll;*
- *die Chefin, die sich nie aus der Ruhe bringen lässt, obwohl ihr gerade ein ganz dickes Problem lösen müsst.*

Und nun denk mal an die anderen, von denen wir hier gar nicht lange reden wollen, weil sie negative Energien ausstrahlen, weil sie bequem sind, ihre Arbeit gern wegschieben, ständig über andere reden. Oder diejenigen, die du fast bedauerst, weil sie schwach, hilflos und scheu wirken, weil sie nie einen Fuß in die Tür kriegen. Ihnen gelingt auch nie etwas, denn sie ziehen ihr Unglück geradezu magnetisch an.

Die positive Energie, die ein Mensch in sein Umfeld und in die Welt ausstrahlt, bestimmt auch, was er anzieht.

In dem Begriff »*positive Energie*« steckt all das, was wir als Eigenschaften an anderen Menschen schätzen und was wir in unseren Seminaren als »herzöffnende Emotionen« bezeichnen: Dankbarkeit, Liebe, Aufmerksamkeit, Präsenz, Zugewandtheit, Empathie, Mitgefühl, Wertschätzung, Hilfsbereitschaft, Selbstbewusstsein, sicheres Auftreten, Lebensfreude, Leichtigkeit und noch viel mehr. Und all das zusammen macht das aus, was wir als Ausstrahlung oder auch Charisma bezeichnen.

Wer von uns möchte nicht eine sympathische, charismatische Persönlichkeit sein?

Wovon hängt das eigentlich ab? Und wie fühlst du dich selbst?

Bist du jemand, der eine starke Ausstrahlung hat? Jemand, der andere Menschen mit starker Ausstrahlung anzieht und fasziniert?

Wenn du jetzt anfängst, dich zu kritisieren dafür, dass du ja zu dick, zu dünn, zu durchschnittlich, zu klein oder zu groß seist, um Charisma zu haben, dann erliegst du einem Riesenirrtum.

Ruf dir noch einmal die Menschen aus deinem Umfeld ins Gedächtnis, die eine positive Ausstrahlung haben, die du gern magst:

- Stört es dich, dass die nette Bäckersfrau rund ist?
- Stört es dich wirklich, dass der empathische Erzieher deines Sohnes leicht schielt?
- Stört es dich wirklich, dass der nette Assistent in der Firma schon mit fünfundzwanzig Jahren eine Glatze hat?

Nein, vergiss es, es sind nicht solche Äußerlichkeiten, die etwas mit der Ausstrahlung zu tun haben. Allerdings gibt es eine Ausnahme: Der Kollege mit den stets fettigen Haaren, der immer schon mittags leicht nach Schweiß riecht, dem gehen alle aus dem Weg.

Nachlässigkeit in Kleidung und Körperpflege drückt keine Wertschätzung für sich selbst und für andere, die damit täglich konfrontiert werden, aus.

Ein Mensch ist und wird, was er von sich denkt.

Bei vielen Menschen, die mit sich unzufrieden sind und vielleicht noch nicht einmal wissen, warum genau, ist das die Wurzel allen Übels. Sie haben nie gelernt, ihr Denken bewusst zu steuern.

Wir haben es schon oben besprochen, doch es ist so wichtig, dass ich es für dich wiederhole:

All deine Probleme, Ängste, Sorgen und Zweifel hast du, weil du von deinem Geist und deinen Gedanken über dich selbst, deinem Glauben über dich selbst beherrscht wirst.

Irgendwann in deinem Leben hat dein Geist die Macht an sich gerissen, und du bist nun tagtäglich Opfer und der Sklave deiner meist negativen Gedanken.

Oft lassen sie dir gar keine Ruhe, sondern kreisen Tag und Nacht in deinem Kopf umher, rauben dir sogar den Schlaf. Das nennen wir dann Gedankenkarussell.

Dieser Kreislauf, den du selbst ständig mit immer neuen Sorgen und Zweifeln antreibst, den gilt es zu durchbrechen. Denn solange du diesen Kreislauf nicht unterbrechen kannst, solange du nicht aus diesem Hamsterrad kommst, geht es mit deiner Entwicklung nicht einen Zentimeter weiter vorwärts. Es geht darum, dass du wieder der Chef deiner selbst, der Chef deines Gehirns, deines Denkens wirst.

*

Wie kommst du aus dem Hamsterrad raus?

Indem du ab JETZT im ersten Schritt bewusst deine Gedanken beobachtest. Tag für Tag – einen nach dem anderen.

Bewusstheit ist der Schlüssel, also aufmerksam sein und beobachten, was in dir vorgeht, wie du fühlst und denkst.

Frage dich JETZT, in diesem Augenblick, was du heute Morgen zuerst gedacht hast, als du aufgewacht bist.

Na?

Hast du dich auf deinen Tag gefreut? Oder ging dir etwas durch den Kopf, was dich schon länger beschäftigt und dich ganz rastlos macht? Etwas, wofür du eine Lösung brauchst?

Wie wirkt sich dieses Problem, das du hin und her wälzt, auf deinen Körper aus? Was fühlst du dabei? Was spürst du?

Sorgen, die aus ungelösten Problemen erwachsen, machen auf Dauer nachweislich krank. Zuerst schwächen sie deinen Körper, und diese Kraftlosigkeit wirkt wieder zurück auf dein Problem. Du brauchst Kraft, um es zu lösen.

Kommt dir manchmal der Gedanke »Ich schaffe das nicht«?

Wenn sich ein solcher Gedanke in dir eingenistet hat, zuerst tief in deinem Unterbewusstsein, und dann hochsprudelt und dich ständig beschäftigt, dann ist er, wie du inzwischen weißt, real für dich geworden!

Und zwar im *ersten Schritt* in deinem Unterbewussten, im *zweiten Schritt* auch in deinem wirklichen Leben. Und du wirst danach handeln, ob du es willst oder nicht. Du wirst nicht den Extra-Schritt machen können, über dich hinauswachsen, dich auf einen neuen, höheren Level begeben können. Denn du kannst nichts mehr tun, du kannst das Ruder nicht mehr herumreißen, wenn du dir bereits im Unterbewussten eine Realität geschaffen hast, die dich nun im wirklichen Leben einholt.

Das haben wir schon analysiert oben. Und nun *kommt noch hinzu*, dass du automatisch auch weiteres Negatives anziehst, wenn du selbst von dem negativen Gedanken »Das schaffe ich nicht« gesteuert bist.

Lass nicht zu, dass dich etwas krank macht, was du meinst, nicht ändern zu können! Alles ist änderbar!

Setz dich hin, prüfe dein Problem, sprich gern mit einem vertrauten Menschen darüber. Betrachte die Herausforderung als Chance für dich, an der Lösung zu wachsen.

Wo kannst du ansetzen? Wo kannst du beginnen? Wo liegen die Chancen für eine Veränderung? Denke an die Treppe: Welche Stufe traust du dir zu, in kurzer Zeit zu erreichen?

Deine Aufgabe ist, die negativen Gedanken durch bewusst gewählte *positive Gedanken* zu ersetzen. Das ist gar nicht so einfach, wie es sich liest.

Ein Beispiel mag es dir zeigen:

> Paul, ein junger Mann Mitte zwanzig, hatte sich zum Ziel gesetzt, ein erfolgreicher und sehr bekannter Eishockeytrainer zu werden. Schon zwei Jahre lang bewegte ihn dieser Gedanke als Wunsch, doch er traute sich nicht, diesen Traum mit voller Konsequenz zu verfolgen. Denn der Traum war in seiner Vorstellung, in seinen Gedanken, noch nicht richtig real

geworden. Der Glaube daran, dass er eines Tages ein fantastischer, erfolgreicher Eishockeytrainer sein würde, war noch nicht fest genug. Sein Glaube hatte noch feine Risse, er war noch nicht belastbar.

Paul wollte wissen, was genau es war, das ihn davon abhielt, fest an seinen Traum zu glauben.

Nun begann Paul damit, sorgfältig zu beobachten, was er im Laufe eines Tages so dachte. Ihm fiel auf, wie viele negative Gedanken durch seinen Kopf schwirrten. Ein dominierender, wiederkehrender Gedanke war:

»Ich bin es nicht wert, erfolgreich zu sein.«

Immer wieder, wie in einer Endlosschleife, tauchte dieser Gedanke auf und quälte ihn.

Paul war ziemlich schnell klar, woher dieser Gedanke kam, wo sein Ursprung war. Pauls Vater hatte zu seinem kleinen Sohn oft gesagt: »Du bist ein Taugenichts.«

Paul hatte diese Aussage so oft gehört, dass sie in seinem Unterbewusstsein real geworden war. Er glaubte daran und lebte und handelte danach. Er war Sklave dieses Gedankens geworden, der sich in sein Unterbewusstsein eingenistet und Wurzeln geschlagen hatte.

Als ihm das klar wurde, kam Paul zu mir.

Ich empfahl ihm, die Imagination Wer-und-wie-ich-wirklich-sein-möchte zu machen. Du hast sie bereits kennengelernt.

Und nun geschah das Wunderbare: Paul entwarf das Bild von sich als einem erfolgreichen Eishockeytrainer. Er sah sich, wie er viele junge Menschen trainierte und ihnen half, ihr Spiel entscheidend zu verbessern. Er sah sich, wie er tagtäglich mit diesen jungen Menschen umging, sie trainierte, ihnen Mut machte, ihnen Zuversicht gab und ihnen das Ziel ausmalte zu gewinnen. Er sah auch, wie er ihre Persönlichkeitsentwicklung unterstützte: durch Herausforderungen, die sie meistern konnten, und durch Empathie. Denn Paul wusste: Wenn ein Sporttrainer das Ausüben seiner Sportart gleichzeitig als Persönlichkeitsentwicklung betrachtet, vervielfacht er damit die Wirkung als Trainer. Für ihn bedeutete das Eishockeytraining mit den Jungen mehr als ein rein physisches Training. Denn er wusste, dass einer von hundert einmal die Chance hätte, mit Eishockey sein Geld zu verdienen. Doch erfolgreich werden kann jeder im Leben, wenn er charakterstark ist. Paul machte diese Imagination einige Wochen lang jeden Tag, bis das Bild des erfolgreichen Eishockeytrainers in seinem Geist verankert war und bis er – das ist besonders wichtig – auch fühlte, wie es war.

Die negativen Gedanken »Ich bin ein Taugenichts« und »Ich bin es nicht wert, erfolgreich zu sein« ersetzte Paul nach sorgfältiger Überlegung durch folgende Aussage, mit der er sich extrem gut fühlte:

»Ich verdiene den vollen Erfolg. Als Eishockeytrainer und überhaupt in meinem gesamten Leben.«

Was für eine kraftvolle Aussage!

Paul wiederholte diesen Satz immer wieder – in Gedanken und in Worten. Und er schrieb seine neue Wahrheit auch auf ein Blatt Papier, das er immer bei sich trug und mehrmals am Tag aus der Hosentasche zog.

Morgens, direkt nach dem Aufwachen, dachte er einige Minuten nur an diese Wahrheit:

»Ich verdiene den vollen Erfolg. Als Eishockeytrainer und überhaupt in meinem gesamten Leben.«

Wenn er dann ins Badezimmer ging, schaute er sich im Spiegel tief in die Augen und wiederholte den Satz laut und deutlich.

Abends, wenn er im Bett lag, dachte er wieder einige Minuten nur an diese Wahrheit.

Das Ziel war, dass diese Aussage von Pauls Unterbewusstsein als neue Realität angenommen würde. Nach drei Monaten Training identifizierte sich Paul so sehr mit dem Gedanken, dass er entschlossen handelte. Er bewarb sich beim Landesverband für eine Trainerstelle und gleichzeitig in einem renommierten Verein.

Natürlich war das aufregend für ihn, denn ein Gedankenmuster in drei Monaten zu ersetzen, das dich zeitlebens gesteuert hat, ist nicht so einfach. Paul war nervös und angespannt, doch seine neu gewonnene Überzeugung war stärker als die alten Zweifel.

So startete Paul seine berufliche Karriere, die ihn zu einem sehr erfolgreichen Trainer machte. Doch es passierte plötzlich noch viel mehr in seinem Leben: Er traf seine Traumfrau. Seine Finanzen besserten sich zusehends. Und Paul gewann neue Freunde, mit denen er sich sehr wohlfühlte.

Der beste Effekt all der harten Gedankenarbeit war: Paul lernte, seinen Ängsten die Stirn zu bieten. Jedes Mal, wenn sich ein negativer Gedanke oder ein ungutes Gefühl in ihm breitzumachen versuchte, sagte er »Stopp!«, ging in sich, dachte darüber nach und arbeitete ganz entschieden daran, den negativen Gedanken durch einen positiven zu ersetzen, sich damit gut zu fühlen und danach zu handeln.

Heute sagt Paul über sich selbst, dass er mit dem Training für dieses erste, grundsätzlich neue Gedankenmuster »*Ich verdiene den vollen Erfolg ...*« die Basis für eine positive Änderung seines *gesamten Lebens* geschaffen hat. Seine positive Ausstrahlung, seine Zuversicht, dass er alles schaffen wird, was er sich vorgenommen hat, stärkte seinen Magnetismus, seine Anziehungskraft auf andere Menschen und auf alles, was er sich wünschte vom Leben.

Zufriedenheit und Glück wirken wie ein Magnet auf Zufriedenheit und Glück. Erfolg zieht Erfolg an. Und Leichtigkeit zieht mehr Leichtigkeit in dein Leben.

Jeder Mensch erschafft sich seine eigene Realität. Paul – und auch du.

Übrigens muss ich dir zu dieser Geschichte noch etwas ganz Wichtiges sagen: Paul hatte ja nachgedacht darüber, was ihn behindert hatte, seinen Traum innerlich real werden zu lassen. Dann war er auf den

Gedanken gekommen, dass sein Vater ihn früher als Taugenichts bezeichnet hatte.

Es ist aber gar nicht unbedingt notwendig zu wissen, woher negative Gedankenmuster kommen. Wichtig ist nur, zu erkennen, dass du sie hast. Denn nicht immer ist die Ursache solcher Gedankenmuster so klar zu bestimmen wie bei Paul. Negative Gedankenmuster, also negative Urteile über dich selbst, können mehrere Quellen haben, die du gar nicht alle aufspüren kannst. Das musst du auch nicht. Du musst keine Psychotherapie dafür machen. Es sei denn, du bist ernsthaft psychisch krank. Wichtig ist nur, die negativen Gedanken zu erkennen und zu ändern.

*

Was wäre, wenn du jetzt sofort mit dem Training des folgenden Gedankens für dein neues Leben beginnen würdest?

Ich verdiene den vollen Erfolg. Privat, beruflich und in meinem gesamten Leben.

Denke bitte einen Moment über diese Aussage nach und lasse sie auf dich wirken.

6

Drei Schlüssel für deine Persönlichkeitsentwicklung

Du hast Paul und seinen Weg zum Erfolg kennengelernt. Pauls neues Leben begann mit der Bewusstheit, die es ihm erlaubte, die beiden Schlüsselfragen zu beantworten: *Wer will ich sein? Wie will ich sein?*

Als Paul wusste, wer und wie er sein wollte, hat er mit täglichem Training seinen Traum innerlich wahr werden lassen. Der nächste Schritt war, durch sein Handeln diesen Traum auch im wirklichen Leben wahr werden zu lassen.

Damit Paul auch in Zukunft auf der Treppe seines beruflichen und privaten Erfolgs immer weiter und leichten Schritts voranschreiten kann, habe ich ihm *drei Schlüssel* für seine weitere Persönlichkeitsentwicklung mitgegeben.

Und diese drei wesentlichen Schlüssel gebe ich nun auch dir, damit du sie für dich nutzen kannst, um dort anzukommen, wo du in deinem Leben hinkommen möchtest – um ebenso erfolgreich und glücklich zu werden wie Paul.

Schlüssel 1: Dankbarkeit empfinden

Es gibt ein Gefühl, das die unglaubliche Kraft hat, dein Leben ganz und gar positiv zu verändern. Ein Gefühl, das dir tiefe Freude und großes Glück schenkt, wenn du dich mit ihm verbindest. Ein Gefühl, das Wunder bewirkt, Negativität beseitigt und dir Reichtum in allem schenkt.

Ein Gefühl, das sämtliche Kräfte im Universum aktiviert und alle Hebel in Bewegung setzt, wenn du es ehrlich meinst und fühlst.

Nur ein Gefühl steht zwischen dir, dem Glück und dem Leben deiner Träume. Dieses Gefühl ist die Dankbarkeit.

Um möglichst schnell eine Veränderung zum Guten in deinem Leben zu erzielen, nutze Dankbarkeit, um dich innerlich energetisch zum Positiven umzupolen. Wenn du Dankbarkeit aus tiefstem Herzen fühlst, wird sie ihre Magie entfalten. Dann werden in deinem Leben wahre Wunder geschehen.

Dankbarkeit zu fühlen befreit dich sofort von jeder Negativität. Doch was heißt das konkret für dich?

Das kann ich dir am besten wieder an einem konkreten Beispiel klarmachen:

> Seit Jahren darf ich als Mentaltrainer den besten Ringer der Welt, Frank Stäbler, begleiten. Frank ist dreifacher Weltmeister in drei unterschiedlichen Gewichtsklassen. Das hat noch kein Ringer vor ihm geschafft. Er ist fünffacher Welt- und Europameister und hat als finales Karriereziel, Gold bei den nächsten Olympischen Spielen zu gewinnen (die jetzt nach Corona im Sommer 2021 stattfinden).
>
> Im Februar 2020 habe ich Frank als Mentaltrainer bei der Europameisterschaft in Rom begleitet. Souverän zog er ins Finale ein. Die gesamte Konkurrenz verneigte sich in Hochachtung vor ihm.
>
> Am Morgen vor dem großen Finale sind wir durch die Stadt spaziert. Ich habe sofort gespürt, dass etwas nicht stimmte. Also habe ich Frank erst mal gefragt, ob er gut geschlafen habe. Frank wollte mich natürlich nicht enttäuschen, ich hatte ihn ja gut vorbereitet, mit ihm gearbeitet. Ich bemerkte sein kurzes Zögern, aber dann blieb er stehen, schaute mir direkt in die Augen und erzählte, dass ihn ein Gedankenkarussell

> nachts wach gehalten habe. Hier sind die Sätze, die ihm durch den Kopf gegangen sind:
> »Ich bin zu früh in Topform.« – »Hoffentlich kann ich dieses Niveau bis Olympia halten.« – »Ich würde lieber Gold in Tokio gewinnen, als hier jetzt Europameister zu werden « – »Was ist, wenn ich es in Tokio nicht schaffe? Werden die Medien, meine Familie und Freunde dann enttäuscht sein?« – »Der Druck wird zu stark. Ich weiß nicht, ob ich diesen Druck aushalte.«
> Natürlich wollte Frank nun wissen, wie er sich von diesem negativen Gedankenkarussell befreien könne. Meine Antwort darauf fasste ich in einem Wort zusammen: DANKBARKEIT!

Ich nehme dich nun in diese Mentaltrainingseinheit mit, damit du den Zusammenhang verstehst:

Als Erstes habe ich Franks Bewusstsein für das, was ist, was er gerade erlebt, noch einmal gestärkt: Ich habe mit ihm darüber gesprochen, dass es ein absolutes Privileg ist, den Druck spüren zu dürfen, den du empfindest, wenn du dir Olympiagold holen willst.

Wenn du dir ein Ziel gesetzt hast und dabei bist, alles zu tun, um es zu erreichen, ist das Empfinden von Druck ein Privileg!

Fast jeder Mensch verspürt irgendeine Art von Druck. Die Frage ist nicht, ob du überhaupt in irgendeinem Bereich deines Lebens Druck hast, sondern *welche Art* von Druck und wie du damit umgehst.

Eine alleinerziehende Mutter, deren Partner keinen Unterhalt zahlt, oder ein Rentner, der mit einer sehr kleinen Rente zurechtkommen muss, oder ein Familienvater, der gerade seinen Job verloren hat, all diese Menschen müssen Monat für Monat den Druck aushalten, mit sehr wenig Geld zurechtzukommen.

Ich bat Frank darum, sich vorzustellen, wie es wäre, wenn er jetzt für den Mindestlohn in einem Fast-Food-Restaurant bedienen würde oder am Fließband stehen müsste. Doch er hatte sich erarbeitet, der beste Ringer der Welt zu werden! Wahnsinn!

Frank ging gerade jetzt mit mir in Rom spazieren und stand bereits sehr weit oben auf seiner beruflichen Erfolgstreppe – meilenwert entfernt von jemandem, der im Fast-Food-Restaurant bedient. Frank *durfte* mit dem Druck umgehen, Europameister zu werden. Und Frank *darf* mit dem Druck umgehen, Olympiagold zu holen.

Diesen Druck zu empfinden ist ein absolutes Privileg, denn es bekommen nur wenige Sportler überhaupt die Gelegenheit dazu.

Sobald wir unseren Spaziergang beendet hatten, zeigte ich Frank die *Dankbarkeitsimagination*. Du findest sie auf Seite 96.

Es funktionierte hervorragend. Frank empfand das tiefe Gefühl der Dankbarkeit und konnte einen ausgiebigen Mittagsschlaf machen, obwohl am Abend das große Finale anstand. Danach gingen wir zum Strand, wo wir seine Imagination noch einmal verstärkten. Ich habe heute noch das Bild vor Augen, wie Frank am Ende die Augen öffnete und direkt in den Sonnenuntergang schaute. Wir beobachteten, wie der gleißende Feuerball am Horizont im Meer versank. Als es dämmerte, gingen wir in die Arena, und Frank besiegte seinen georgischen Gegner im Finale und wurde Europameister (sorry: Er besiegte ihn nicht, er zerstörte ihn!). Doch wie ging es weiter?

Als Nächstes riet ich Frank, in seinem Kalender die Tage bis zum letzten Tag der nächsten Olympischen Spiele zu zählen. Denn so lange – das hatte er beschlossen – wollte er als Ringer noch aktiv sein. Danach wollte er seine Karriere als Ringer beenden. Sein Entschluss stand seit den Olympischen Spielen 2016 in Rio fest.

Jeden Abend vor dem Zubettgehen sollte Frank in tiefer Dankbarkeit, dass er diese Karriere erleben darf, den jeweiligen Tag im Kalender durchstreichen – täglich in dem Bewusstsein, dass wieder ein Tag seiner weltweit einzigartigen Karriere vorübergegangen ist.

Dankbarkeit war das Zauberwort: »Erlebe jeden Tag im vollen Gefühl der Dankbarkeit und schau, was dann später bei der Olympiade rauskommt«, war von nun an das Motto für ihn.

Und du?

Nimm dir die Zeit und bade bildlich gesprochen jeden Tag in Dankbarkeit. Die Schlüsselimagination Dankbarkeit hilft dir dabei, das Dankbarsein rasch zur Gewohnheit werden zu lassen.

Wofür du dankbar bist, davon bekommst du immer mehr im Leben. Stell es dir so vor:

Wenn ein Mensch dir etwas für dich sehr Schönes oder Wertvolles schenkt, bist du wahrhaftig, also aufrichtig dankbar. Wenn du diese tiefe Dankbarkeit zeigen und ausdrücken kannst, wirst nicht nur du dich daran erfreuen, sondern du erfreust auch den Schenkenden. Das ist eine doppelte Freude!

Mach es doch gleich heute einmal und erlebe diese tiefe Freude: Wer in deinem Umfeld verdient es, dass du endlich mal wieder zeigst, wie sehr du diesem Menschen dankbar bist?

Es kann eine kleine, handgeschriebene Botschaft sein, und wenn es nur ein Zettelchen ist, das du diesem Menschen hinlegst. Es kann auch ein ehrlich gemeintes Feedback mit Blickkontakt sein, das jemand gerade braucht. Es kann ein persönlicher Besuch oder ein Telefonat sein, für das du dir Zeit nimmst. Wichtig ist, dass du deine Dankbarkeit persönlich zum Ausdruck bringst und sie von Herzen kommt. Und je öfter du das machst, je mehr wirst du selbst Dankbarkeit anziehen. Aber nicht nur das: Du führst anderen Menschen auch vor, wie einfach und schön es ist, Dankbarkeit zu zeigen. Sie werden es dir nachmachen: Die Chance ist groß, dass sie selbst anderen ihre Dankbarkeit zeigen werden.

Auch das ist *Bewusstheit,* in dem Sinne, in dem wir sie zu Beginn definiert haben: *Achtsamkeit, Aufmerksamkeit*: Wir leben alle in unserem Alltag oft zu unbewusst in Bezug auf das, was wir haben.

Ist es selbstverständlich, in einem richtigen Bett aufzuwachen? Ist es etwa selbstverständlich, jeden Morgen sauberes Wasser zu haben, um zu duschen, sich zu waschen und die Zähne zu putzen? Ist es etwa selbstverständlich, ein Frühstück genießen zu dürfen, also nicht hungern zu müssen? Ist es etwa selbstverständlich, in einem richtigen Haus aus Stein zu leben?

Und dies sind nur die ganz essenziellen Basics, die wir mit Selbstverständlichkeit hinnehmen. Doch wie viel kommt hinzu, wenn jeder daran denkt, was er täglich erleben darf?

Dankbarkeit ist eine der einfachsten Möglichkeiten, um vom positiven Magnetismus, der auf dich zurückwirkt, zu profitieren.

Mache dir jeden Tag bewusst, dass dein Leben das größte Geschenk überhaupt ist. Sei aufrichtig dankbar dafür, dass du am Leben bist.

IMAGINATION 2 – Dankbarkeit empfinden

Willkommen bei der zweiten Imagination. Lass uns an dieser Stelle eine Lesepause einlegen und gemeinsam den Zustand der Dankbarkeit erreichen. Suche dir einen ruhigen Ort und mache diese Imagination so lange, bis du Dankbarkeit in dir fühlst – und dann auch selbst reine »Dankbarkeit wirst«.

Du findest die Dankbarkeitsimagination unter

christian-bischoff.com/bewusstheit

Es ist eine wundervolle, magische Reise. Lass uns diese Reise jetzt gleich gemeinsam erleben. Wir »hören uns« in einer Minute bei der Dankbarkeitsimagination.

Ein Mensch, der Dankbarkeit spürt, dem fehlt es an nichts. Der hat alles. Er ist mit sich und dem Leben im Reinen.

Geh abends vor dem Einschlafen in aller Ruhe in deinem Geist durch, was an dem Tag gut war, und finde die schönen Augenblicke. Die wertvollen Momente. Die tollen Begegnungen. Alles, wofür du an diesem Tag dankbar sein kannst. Bedanke dich aufrichtig für jeden einzelnen Moment. Für jede Begegnung. Auch wenn du in dem Moment vielleicht noch nicht verstehst, wie sie dein Leben bereichert.

*

Deine abendliche mentale Reise könnte wie folgt aussehen:

- Ich bin dankbar, dass ich heute so ein wunderbares Essen hatte.
- Ich bin dankbar, dass ich heute Morgen frisches, heißes Wasser zum Duschen hatte.
- Ich bin dankbar für meine Freunde, die heute bei mir waren.
- Ich bin dankbar für die Arbeit, die ich heute verrichten durfte.
- Ich bin dankbar, dass ich einen lieben Partner habe.
- Ich bin dankbar, dass meine Kinder heute glücklich waren.
- Ich bin dankbar, dass ich in einem der reichsten Länder der Welt lebe, in dem es keinen Krieg gibt.
- Ich bin dankbar, dass ich in diesem wunderbaren mitteleuropäischen Land leben darf, in dem jeder, auch ich selbst, Sicherheit, Wohlstand und eine gute medizinische Versorgung genießt.
- Ich bin dankbar, dass ich in einem Land lebe, in dem jeder, auch ich selbst, seine Meinung frei äußern darf und frei seiner Wege gehen kann.
- Ich bin dankbar, dass ich in einem Land lebe, in dem sich jeder, auch ich mich, jederzeit weiterbilden, weiterentwickeln kann.
- Ich bin dankbar, dass ich in einem Land lebe, in dem jeder, auch ich selbst, in einer Notlage aufgefangen wird.

So kann deine mentale Reise aussehen. Doch ich bin sicher, sie wird noch viel interessanter und spannender sein, wenn du über deinen ganz persönlichen einzigartigen Tag nachdenkst. Denn einzigartig und unwiederholbar ist jeder Tag deines Lebens.

Du wirst dir die für dich wertvollen Momente in deinem Geist noch einmal wachrufen und erleben. Das können ganz kurze Momente gewesen sein: ein Lächeln an der Bushaltestelle, das dir jemand geschenkt hat; ein freundliches Gespräch am Zeitungskiosk; ein Kompliment für deinen neuen Haarschnitt; ein fester Händedruck mit einem Lächeln für deine Freundlichkeit.

Du durchlebst jeden schönen Moment noch einmal, spürst das positive Gefühl, das du dabei empfunden hast, und dankst ganz bewusst dafür.

Sicher zaubert dir der Gedanke an manchen schönen Moment sogar ein Lächeln auf die Lippen. Damit wirst du einschlafen und gute Träume haben.

*

Wenn du dieses Dankbarkeitsritual drei Wochen lang jeden Abend machst, erreichst du einen mentalen Zustand, der dich mit einer ganz neuen *Bewusstheit* durch den Alltag gehen lässt:

- Du erkennst auf einmal alles als Geschenk.
- Du siehst das Wunderbare in jeder Alltagssituation.
- Dir wird bewusst, dass dein gesamtes Leben ein großes Wunder ist.

Und nun noch etwas Wichtiges: Wir haben bereits oben davon gesprochen. Nicht nur das Positive und Schöne, das du jeden Tag erlebst, ist es wert, dass du dich dafür bedankst. Auch das, was auf den ersten Blick unangenehm und negativ ist, ist deines Dankes wert. Warum?

Weil alles, ganz gleich, was es ist, eine Chance für dich ist, weiterzukommen in deiner persönlichen Entwicklung. Auch die unangenehmen Erfahrungen, selbst wenn sie noch so schmerzhaft sind, werden sich für dich als Chance erweisen, wenn du ihnen mit Bewusstheit begegnest und in Bewusstheit erkennst, was du daraus lernen kannst, welche neuen Möglichkeiten sich dir nun bieten und wie diese Erfahrungen dich reifer und weiser werden lassen.

Nehmen wir an, dir ist heute Morgen ein Missgeschick passiert. Du hast eine kleine Beule in dein Auto gefahren oder dir ist die Kaffeetasse auf dem Schreibtisch umgekippt, oder du hattest dich mit einem Versprechen zu weit aus dem Fenster gelehnt und konntest es nicht einhalten. Ganz gleich, ob es etwas Kleines oder Großes war: Du lässt dich davon nicht runterziehen, sondern schaust dir ganz bewusst an, was daraus folgt und wo aus der Panne etwas erwachsen kann, das dich weiterbringt.

Denn die wichtigste Einsicht ist: Du kannst das GESTERN nicht verändern. Du kannst aber ab sofort deine ZUKUNFT steuern, und zwar in die von dir gewünschte Richtung. Schaue immer nach oben auf der Treppe, die du hinaufsteigst, behalte dein Ziel im Auge.

Auch negative Momente enthalten ganz wertvolle Botschaften für dich, die dich im Leben voranbringen.

*

Ich durfte Samuel Koch kennenlernen, den jungen Mann, der diesen tragischen Unfall in Thomas Gottschalks Sendung *Wetten dass ..?* hatte und seitdem querschnittsgelähmt im Rollstuhl sitzt. Samuel hielt einen Vortrag bei einer kleinen Veranstaltung in meinem Freundeskreis. Seiner Rede folgte eine offene Fragerunde. Als wir von ihm wissen wollten, wie er mit den täglichen Schmerzen, die er permanent hat, umgehen würde, schloss Samuel die Augen, dachte einen Moment lang nach und antwortete dann langsam und sehr nachdrücklich: »Ich fokussiere mich auf etwas anderes.«

Er sagte dann – noch immer mit geschlossenen Augen – folgende Sätze, die jeder von uns, der Zeuge dieser Szene sein durfte, für immer im Gedächtnis behalten wird:

»Ich bin dankbar für diesen Tag.
Ich bin dankbar, dass ich am Leben bin.
Ich bin dankbar dafür, dass ich heute bei euch auf dieser wundervollen Veranstaltung sein darf.
Ich bin dankbar für das köstliche Mittagessen, das es gleich geben wird.
Ich bin dankbar für die Sonne, die auf uns herunterstrahlt.
Ich bin dankbar für die Vögel, die draußen am Zwitschern sind.
Ich bin dankbar für die wunderbare Natur, die wir hier direkt neben dem Hotel haben.«

Minutenlang hat Samuel Koch mit geschlossenen Augen vor versammeltem Publikum nur Dinge aufgezählt, für die er dankbar ist. Nach diesen Minuten war im Saal kein Auge mehr trocken, denn er hatte unsere Seele berührt.

Und dieses Gefühl wird immer mit der Erinnerung an diesen Tag und diese Stunde und diesen Menschen für mich verbunden bleiben. Wie bedeutend emotionales Erleben für uns Menschen ist, kannst auch du erfahren.

Schlüssel 2: Emotionen tief erleben

Was auch immer am Ende deiner Treppe ganz oben zu sehen ist: Stelle dir dein Ziel nicht nur vor, schaue es nicht nur an, sondern erlebe auch die positiven Gefühle, die mit der Zielerreichung verbunden sind. Gefühle bewegen uns alle und damit letztlich die ganze Welt. Letztlich sind es Gefühle, die uns antreiben, die unser Motor für alles sind.

Die Gefühle, die du in dir trägst, lösen etwas in dir aus, sie haben eine Schwingung.

Das ist ganz leicht erlebbar in einem kleinen Test. Schließe jetzt deine Augen und erinnere dich an ein Erlebnis, das du als beschämend erlebt hast, etwas, das Scham in dir ausgelöst hat. Fühle in deinen Körper hinein und nehme wahr, welche Empfindungen du dabei hattest und wie du damit umgegangen bist. Jeder von uns kennt Scham in der einen oder anderen Weise.

Und nun mache dieses Gefühlsexperiment zum Vergleich einmal mit einem angenehmen Erlebnis. Was fühlst du nun mit jeder Faser deines Körpers? Was macht dieses Gefühl mit dir? Notiere es bitte hier:

_____

_____

_____

_____

_____

_____

Jeder von uns hat meist ein Grundgefühl, eine vorherrschende Emotion, die von vielen verschiedenen Parametern bestimmt wird. Zum Beispiel kommt es darauf an, ob du noch jung bist und bestimmte Erfahrungen noch nicht gemacht hast. Kinder etwa haben, wenn sie in einer normal guten Umgebung aufwachsen, in der Regel ein positives Grundgefühl. Sie mussten noch nicht so viele negative Erlebnisse verarbeiten, sie sind noch zuversichtlich und voller Vertrauen.

Oder: Ein junger Erwachsener, der die Schule gut hinter sich gebracht hat und vor der Berufsausbildung und dem Studium steht, schaut auch noch vertrauensvoll in seine berufliche Zukunft. Aber vielleicht hat er in der Beziehung zu Frauen schon negative Erfahrungen gemacht und ist auf dem Gebiet vorsichtig und fast misstrauisch geworden. Und vielleicht beeinflussen diese negativen Erfahrungen auch sein Grundgefühl.

Unser Grundgefühl hängt also von ganz vielen Faktoren ab. Es können natürlich auch Faktoren sein, die wir gar nicht selbst beeinflusst haben, Krankheit und Tod eines Elternteils etwa.

All das, solche individuellen Erfahrungen, beeinflussen stark den Grad von *Bewusstheit,* den ein Mensch erreicht hat. Und natürlich spielt es auch eine Rolle, wie er mit diesen Erkenntnissen aus seiner Bewusstheit umgeht. Du erinnerst dich: Die Bewusstheit, als Achtsamkeit, als Aufmerksamkeit, versetzt dich in die Lage, zu erkennen, wo du stehst, wer du bist, wer du sein willst und wie du sein willst. Wenn du bereits die beiden Schlüsselfragen beantwortet hast, wer und wie du sein willst, wenn du bereits auf der Erfolgstreppe einige Stufen genommen hast, dann dürfte dein Grundgefühl positiv sein.

Bist du da schon angekommen?

Nun achte bitte einmal darauf, was du siehst, wenn du morgens im Bus oder in der U-Bahn zur Arbeit fährst. Oder wenn du zurzeit als hauptberuflich erziehende Mutter oder Vater im Supermarkt deine Besorgungen machst: Schau die Menschen an. Studiere ihre Gesichter. In den Zügen eines Menschen erkennst du sein dominierendes Gefühl. Aber auch die Körperhaltung spricht Bände.

Nicht umsonst gibt es alle möglichen Deutungen über die Denkerfalte auf der Stirn an der Nasenwurzel, über die Nasolabialfalten und so weiter. Dass heruntergezogene Mundwinkel am eindeutigsten die negative Grundstimmung zeigen, das weiß jeder von uns. Und schau dir nur an, wie Menschen sitzen, gehen und stehen. Selbst wenn du ihr Gesicht nicht sehen könntest, sondern nur die Körperhaltung, könntest du daraus schließen, ob es ihnen gut geht, ob sie positiv gestimmt sind oder nicht. Und das Interessante ist, dass Menschen jünger eingeschätzt werden, wenn sie eine gute Körperspannung haben, ganz egal, wie viele Falten sie im Gesicht haben.

Und das Interessanteste ist: Wissenschaftler haben herausgefunden, dass die eigene Körperhaltung auch die eigene Grundstimmung beeinflusst. Wir lassen unsere Seminarteilnehmer immer ganz bewusst erleben, welche unglaubliche Wirkung die eigene Grundstimmung auf die Körperhaltung hat: Jemand, der sich gerade hält, der die Schultern entspannt und den Kopf aufrichtet, der einen leichten, federnden Gang hat, fühlt sich besser als jemand, der sich buchstäblich hängen lässt. Wir können also mit unserer Haltung auf unsere Gefühle zurückwirken. Haltung beeinflusst Haltung! Deine innere Haltung beeinflusst deine äußere Haltung. Genauso beeinflusst deine äußere (Körper-)Haltung deine innere (Geistes-)Haltung. Es ist nicht nur so, dass das, was wir fühlen, sich auch in der Körperhaltung ausdrückt, sondern auch umgekehrt.

Das spricht dafür, dass du für eine stets positive »Grundstimmung deines Körpers« sorgst, indem du zumindest mäßig Sport treibst und auf deine Gesundheit achtest. In unseren Seminaren üben wir immer die »Gewinnerpose«, die Körperhaltung, die mit größtmöglicher Energie aufgeladen ist.

Denke immer daran:

Haltung beeinflusst Haltung.

Beobachte dich selbst im Spiegel, wo immer es möglich ist, wie du auf andere wirkst – und vor allem auf dich selbst. Denn deine Haltung beeinflusst dein Körpergefühl und deine mentale Grundstimmung.

Schau dir einmal bewusst Menschen an, die du als zufriedene, sinnerfüllte Zeitgenossen kennst: vielleicht deine dich liebende, gütige Großmutter? Oder ein Freund, der immer gut drauf ist, ganz egal, was passiert? Schau dir an, wie ihre Körpersprache ihr Grundgefühl ausdrückt.

Die dominierenden Gefühle, die du hast, bestimmen die Art der Schwingung, in der sich dein Körper befindet und ausdrückt. Diese Schwingung ist gleichzeitig die Schwingung deiner Seele. Was du fühlst, auch unbewusst, strahlst du auch aus. Und das, was du ausstrahlst, ziehst du auch an.

Denke über diese Wahrheit gründlich nach und prüfe, was du ausstrahlst.

Paul stellte sich vor, wie er als Eishockeytrainer arbeiten würde, seine Spieler zu Höchstleistungen motivieren und sie dazu bringen würde, verantwortungsvolle, eigenständige Erwachsene zu werden. Er stellte sich vor, wie er sie nach möglichen Niederlagen aufbauen würde. Diese Vorstellung machte ihn glücklich, weil er seinen Traumberuf leben würde.

Du machst das Gleiche mit deinen Visionen, die dich Ziele setzen lassen, die du erreichen willst und erreichen wirst. Du stellst dir immer wieder vor, wer du sein möchtest und wie du sein möchtest, und du versuchst immer wieder, die Gefühle, die du damit verbindest, intensiv zu spüren, ihnen nachzugehen, sie wirken zu lassen auf Körper und Geist. Du konditionierst dich kontinuierlich durch Training auf dein ganz individuelles Glück.

Für deinen Körper und deine Seele wird Glück am Ende dieses Trainings, am Tag X, ein bekanntes Gefühl sein. Du wirst es von diesem Tag X an mehrmals täglich erleben. Es wird ein vertrautes Gefühl werden, und du wirst es ausstrahlen und noch mehr Glück anziehen.

Denke immer an mein Erlebnis mit Samuel Koch:

Samuel war so spürbar mit der gesamten Energie von Seele und Körper dankbar, dass alle Menschen im Raum diese Dankbarkeit wahrnehmen konnten, davon angesteckt und mitgerissen wurden. Samuel hat ganz allein in diesen Momenten seines Dankes die Energie im gesamten Raum verändert.

Wenn Samuel Koch das kann, kannst du das auch – vorausgesetzt, du fühlst und lebst es wirklich. Du kannst das trainieren!

Falls du die Dankbarkeitsimagination gerade noch nicht gemacht hast, ist hier eine weitere wundervolle Gelegenheit dazu. Wenn du tiefe Dankbarkeit empfindest, können in deinem Leben Wunder passieren.

Lass uns die Imagination gleich gemeinsam machen. Du findest sie unter:

christian-bischoff.com/bewusstheit

Schlüssel 3: Sich selbst positiv bestätigen

Nutze eines der stärksten Werkzeuge, die ein Mensch überhaupt in seinem Leben für sich selbst einsetzen kann: die positive Selbstbestätigung oder Affirmation.

Ich kann alles werden und sein, was ich werden und sein will.

Eine Affirmation ist ein Satz oder ein Gedanke, den du immer wieder so lange denkst und zu dir selbst sagst, bis er für dich in deiner Wahrnehmung Realität ist.

Paul hatte sich seinen Glaubenssatz »Ich verdiene den vollen Erfolg. Als Eishockeytrainer und überhaupt in meinem gesamten Leben« immer wieder selbst bestätigt.

Diesen Satz haben wir auf dich übertragen. Er lautet:

Ich verdiene den vollen Erfolg. Privat, beruflich und im gesamten Leben.

Und folgende Aussage, die als Basis eine noch intensivere Wirkung auf dein Unterbewusstsein hat, solltest du ebenso Tag für Tag durch Affirmation stärken:

Ich kann alles schaffen, sein und werden, was ich will.

Erlaube diesen Sätzen, real zu werden – zuerst in deinem Inneren, dann im wirklichen Leben durch dein Handeln. Was du dir zutraust, das kannst du erreichen. Du kannst alles sein, was du sein möchtest. Beim Training dieser Sätze ist es wesentlich, auch zu fühlen, was du sagst.

Gefühle können deinen Körper und Geist so sehr durchfluten, dass jede Körperfaser und jede Nervenfaser in deinem Kopf durchtränkt ist mit diesem Gefühl. Damit sind Gefühle nichts anderes als Seinszustände.

Das heißt, du kannst jetzt ein tiefes Gefühl der Zufriedenheit empfinden, wenn du dir jetzt bewusst machst, was dich zufrieden macht. Du kannst die Schleusen in deinem Körper und Geist öffnen für dieses Gefühl und deinen Körper und Geist zutiefst damit sättigen.

Was macht dich dankbar? Für was bist du dankbar? Wen oder was liebst du innig? Probiere es aus, du wirst diese Gefühle tief erleben und als regelrechte Seinszustände empfinden. Du *bist* dann selbst durch und durch Dankbarkeit oder Liebe.

Was heißt das?

Wir sind lebendige Wesen, in denen in jeder Nanosekunde in jeder Zelle unseres Körpers und Geistes Prozesse ablaufen, von denen wir die meisten gar nicht wahrnehmen, weil sie uns nicht bewusst sind. Diese Prozesse benötigen Energie, die wir dem Körper in Form von Nahrung zuführen – Lebensmittel und auch geistige Nahrung. Diese biochemischen Prozesse setzen zum Teil aber auch Energie frei.

In einem gesunden Körper fließt diese Energie frei und unaufhaltsam, um uns am Leben zu erhalten. Nicht umsonst spielt die Energie und ihr freies Fließen in den fernöstlichen Philosophien und Religionen eine große Rolle.

Gefühle können Seinszustände sein, habe ich gesagt, und das Sein des Lebendigen bedeutet nichts anderes, als mittels Energie zu leben.

Nun gibt es Menschen, die davon sprechen, sie hätten zu wenig Energie, um dies oder jenes zu tun. Geht das dir selbst manchmal auch so?

Zu wenig Energie, um dein Leben *jetzt und sofort* umzustellen und neu auszurichten? Zu wenig Energie, um die Treppe des Erfolgs, die Treppe deiner persönlichen Entfaltung hinaufzugehen?

Die Wahrheit ist:

Du brauchst keine Energie. Du bist ganz und gar Energie.

Abgesehen von der Nahrung, die dich am Leben erhält, brauchst du keine Energie aus fremden Quellen, denn die Energie zu allem, was du erreichen willst, steckt in dir selbst.

Das ganze Leben ist eine energetische Schwingung. Das Leben funktioniert überhaupt nur mit Energie.

Viele von uns haben allerdings das Bewusstsein und den Kontakt zu ihrer inneren Energie verloren. Deswegen klagen sie häufig: »Ich habe keine Energie dafür, dies und jenes zu tun.«

Das ist eine Ausrede. Sie basiert auf einem falschen Glaubenssatz.

Du bist Energie, und du hast Energie. Und mit dieser Kraft kannst du alles sein und werden, was auch immer du willst.

Im Kapitel *Selbstvertrauen – die Macht der inneren Stimme* wirst du in einem Video erleben, wie du diese Energie aufbaust.

7

Weg der Wandlung – den Blickwinkel verändern

Wir können nicht alle Ereignisse in unserem Leben beeinflussen. Dinge passieren einfach, ohne dass wir sie beeinflussen oder verändern können. Das betrifft nicht nur das Wetter draußen, sondern unser gesamtes Leben Tag für Tag.

Wenn es große, einschneidende Ereignisse sind, können sie unseren Alltag nachhaltig verändern. Wir verlieren plötzlich unseren Job. Unser Lebenspartner verliebt sich in jemand anderes und verlässt uns. Ein von uns geliebter Mensch erhält eine tödliche Diagnose. Das Kind der Nachbarin stirbt an einem Unfall.

Und das jüngste Ereignis, das nicht nur unseren persönlichen Lebenszusammenhang betrifft, sondern weltweit alles in Atem gehalten hat, war die Corona-Krise.

Dieses Ereignis begann unauffällig, weit weg in China im Dezember 2019 und kam erst schleichend und dann plötzlich überwältigend nach Europa und in die ganze Welt. Mit Corona hat sich weltweit alles grundlegend verändert, und die Folgen sind immer noch nicht absehbar.

Menschen rund um den Erdball wurden überflutet mit Schmerz, Tod und Trauer. Doch inmitten dieser schwarzen Wochen und Monate geschah etwas Wunderbares, etwas Heilsames für diesen Planeten und für jeden Einzelnen von uns. Es begann mit einzelnen Meldungen in den Medien und verbreitete sich so schnell und ansteckend wie das Coronavirus selbst:

die Freude am Leben.

Zuerst begannen die Italiener damit, die am schlimmsten betroffen waren, im März 2020. Sie machten auf ihren Balkonen abends zusammen Musik, drückten ihre Lebensfreude aus. Es folgten unendlich viele Menschen in Europa diesem Vorbild, veranstalteten im Internet Konzerte, lebten ihre Kreativität aus und suchten immer die Gemeinschaft mit den anderen: »Wir sind nicht allein«, lautete die Botschaft. »Wir halten zusammen und schaffen es.« Wir sind alle miteinander verbunden. Wir lernen, das Leben wieder richtig zu schätzen. Das, was wir haben. Wir hören wieder mehr auf unsere innere Stimme und unsere ureigenen Bedürfnisse, was uns wirklich wichtig ist im Leben: Zeit, Freunde, Familie, Partner, Spiritualität, innerer Frieden, Leichtigkeit, Gelassenheit und vieles mehr.

Albert Einstein hat einmal etwas Weises gesagt:

Der Mensch ist ein Teil des Ganzen, das wir Universum nennen, ein in Raum und Zeit begrenzter Teil. Er erfährt sich selbst, seine Gedanken und Gefühle als abgetrennt von allem anderen – eine Art optische Täuschung des Bewußtseins. Diese Täuschung ist für uns eine Art Gefängnis, da sie uns auf unsere eigenen Vorlieben und auf die Zuneigung zu wenigen Nahestehenden beschränkt. Unser Ziel muß es sein, uns aus diesem Gefängnis zu befreien, indem wir den Horizont unseres Mitgefühls erweitern, bis er alle lebenden Wesen und die gesamte Natur in all ihrer Schönheit umfaßt.

(Aus: Ideas and Opinions)

Du erkennst die unfassbare Tiefe, die in dieser Aussage von Einstein liegt, gerade nach unserer gemeinsamen Erfahrung der Corona-Krise.

Lese Einsteins Worte gerne jetzt gleich noch einmal aufmerksam durch und erlaube ihnen, tief in dein Bewusstsein einzudringen und deine neue *Bewusstheit* zu stärken.

*

Wie kam es dazu, dass während dieser globalen Krise viele Menschen in aller Welt mitfühlend und helfend handelten? Dass sie sich in Einsteins Sinn »aus dem Gefängnis befreiten«, indem sie nicht mehr nur die nahestehenden Menschen und die eigenen Belange sahen. Sie entwickelten Mitgefühl für andere, die ihnen fremd waren, sie erweiterten ihren Horizont.

Wie kam es dazu?

Tief in uns allen steckt diese Verbundenheit, dieses Einssein, dieses Mitgefühl und die Empathie für alle anderen Lebewesen – diese spirituelle Kapazität. Den meisten Menschen ist dieser spirituelle Zugang aufgrund gesellschaftlicher Konditionierungen nicht bewusst. Mit *Bewusstheit* werden sie ihn wiederentdecken können. Und dazu braucht es meist ein außergewöhnliches Ereignis wie Corona, das innerhalb kürzester Zeit die Welt und damit unser Leben im Alltag »anhält« und für immer verändert.

*

Die Verbundenheit und das Positive zu suchen, zu erkennen und zu betonen, das ist eine Fähigkeit, die essenziell für dich ist. Du hast die Schlüsselfragen deines Lebens beantwortet: **wer** du sein willst und **wie** du sein willst. Du hast die ersten Stufen auf der Treppe deiner Persönlichkeitsentfaltung genommen. Du schaust nach oben, wo dein Ziel ist. Doch immer wieder wird dein Blick abgelenkt durch Ereignisse, die du nicht beeinflussen kannst.

Es gibt eine sehr wichtige Wahrheit, die in Krisen wesentlich ist für dich. Dabei ist es ganz gleich, ob es sich um eine persönliche Krise handelt, ob du selbst oder jemand aus deinem Umfeld einen Schicksalsschlag erleidet oder ob es sich um eine weltweite Krise wie die Corona-Pandemie handelt. Diese Wahrheit lautet:

In jedem Ereignis, in jedem Geschehen, das dir widerfährt, ist eine Chance verborgen. Eine Chance, dich weiterzuentwickeln, deine Persönlichkeit zu entfalten. Eine Chance, dein Glück zu finden. Im Leben geschieht immer alles für dich, nie gegen dich.

Du kannst viele Ereignisse – und auch andere Menschen mit ihrem Verhalten – nicht kontrollieren. Doch die eine Sache, die du immer bewusst wählen und lenken kannst, ist der Blickwinkel, aus dem heraus du das Geschehen beobachtest. Du änderst deinen Blick von der Schwärze weg, hin zum Licht. Lass es mich an Beispielen, auch an einem aus meinem eigenen Leben, klarmachen.

> Stell dir vor, du arbeitest in einer Firma, in der du dich sehr wohlfühlst. Du gehst jeden Morgen richtig gerne zur Arbeit. Eines Morgens wirst du in die Chefetage gerufen und bist gespannt, ob dir dein Chef vielleicht danken will – für das letzte Projekt, das du so gut gemanagt hast. Vielleicht möchte er ja deine Kompetenzen erweitern, dir mehr Verantwortung geben? Du eilst also neugierig die Treppe hinauf, und die Assistentin des Chefs lässt dich in dessen Büro eintreten. Die Personalchefin ist auch schon im Büro. Also geht es wohl um eine neue Aufgabe?
>
> Der Chef bittet dich, Platz zu nehmen, und du setzt dich ihm gegenüber auf den Stuhl vor seinem Schreibtisch. Er schlägt eine Mappe auf, schaut dich mit ernster Miene an und sagt dann: »Wir müssen uns leider von Ihnen trennen.«
>
> Dann drückt er dir das Kündigungsschreiben mit ein paar Floskeln in die Hand. Du bist sprachlos und du merkst, dass auch ihm die Situation höchst unangenehm ist. Du spürst Wut in dir aufsteigen, kannst nicht fassen, was gerade passiert. Angst breitet sich in deinem Körper aus. Du hast eine Familie zu ernähren, einen Urlaub geplant oder baust gerade ein Haus. Und die Frage »WARUM?« liegt dir auf der Zunge, doch du bist unfähig, in diesem Moment des Schreckens deine Ge-

> danken zu ordnen. In deinem Kopf überschlagen sich die Fragen.

Für die allermeisten Menschen bricht in solch einem Moment die Welt zusammen. Sie stellen sich selbst und alles infrage. Sie verzweifeln, denn sie befinden sich im Schockzustand. Ängste und Sorgen übernehmen die Oberhand, überwältigen sie.

Andere reagieren wütend, frustriert und zutiefst verletzt. Bei manchen kommt beides zusammen. All diese Reaktionen und Gefühle sind völlig normal. Und es ist auch wichtig, dass sie geschehen und dass du sie zulässt und durchlebst. Zumindest in dem Moment, an dem Tag, an dem es geschieht.

Die Frage ist nur, wie es dann weitergeht, wie sich jemand verhält, wenn der Schockzustand sich auflöst.

Bei vielen Menschen ist das, was nun kommt, negativ. Weil sie keine Strategie kennen, um mit einem derartigen Rückschlag KONSTRUKTIV umzugehen. Sie wissen nicht, wie es weitergehen soll. Wie sie sich wieder aufrappeln können, um positiv und gestärkt in die Zukunft zu gehen – zum Beispiel, indem sie nach einem neuen Job suchen, der ohnehin viel besser zu ihnen passt. Nach einem Job, der viel mehr ihren Stärken entspricht, ein spannenderes Aufgabengebiet hat oder ein besseres, kollegialeres Umfeld bietet. Stattdessen versinken sie in Selbstmitleid und lecken ihre Wunden. Andere sinnen auf Rache.

Auf jeden Fall ist ihr Blickwinkel auf das Negative dieser Kündigung gerichtet: »Dieser unfähige Typ.« – »Diese bescheuerte Firma.« – »Ich verklag euch alle.« – »Das Leben ist ungerecht.«

Mit dem Fokus auf das »Problem« Kündigung lassen sie sich von einer Welle negativer Gedanken und Gefühle fluten. Niemand kann sie umstimmen, vielleicht reagieren sie sogar aggressiv auf gute Ratschläge von Partnern oder Freunden. Vielleicht erkennen sie nicht einmal, dass diese an sie glauben und sie unterstützen wollen.

Ja, eine Kündigung mag schlimm und manchmal auch existenziell bedrohlich sein. Dennoch kommst du im Leben am schnellsten wieder auf die Beine, wenn du *konstruktiv* damit umgehst und lernst, in diesem Ereignis den Schlüssel zu finden, der dich in deinem Leben weiter nach vorne bringt.

Es ist tatsächlich möglich, auch in einer solchen persönlichen Katastrophe die Chance zu finden, das Gute zu entdecken. Dafür gilt es, den Blickwinkel zu ändern, dich auf das zu fokussieren, was dich aus diesem Geschehen und deinen negativen Gefühlen herauszieht.

Und nun kommt das Entscheidende für dich:

Die Fähigkeit, unseren Blickwinkel auf das Gute, die Chancen und die Möglichkeiten zu lenken, ist trainierbar!

Ergreife deine Chance – die ganz besondere

Ja, eine Kündigung schmerzt. Ja, eine Kündigung kann einen Menschen, sogar eine ganze Familie kurzfristig aus der Bahn werfen. Eine Kündigung kann Unruhe in dein Leben bringen.

Doch ebenso kann sie eine riesengroße CHANCE sein. Du bekommst die außergewöhnliche Chance für dich, egal, wie jung, egal, wie alt du bist, beruflich noch einmal komplett durchzustarten. Du bekommst die Chance, dich vielleicht endlich in die Richtung zu entwickeln, von der du immer geträumt hast. Vielleicht hast du dich bisher nur nicht getraut, den Wunsch Wirklichkeit werden zu lassen. Das Schicksal hat dir nun einen Tritt in den Hintern gegeben, etwas zu finden, was dir noch mehr Spaß macht. Dir Zeit zu nehmen und bewusst über die folgenden Fragen nachzudenken:

Was möchte ich für den Rest meines Lebens beruflich WIRKLICH machen?

Wohin möchte ich mich entwickeln?
Wer oder was möchte ich beruflich wirklich gerne sein?

Das Leben stellt dich genau zu diesem Zeitpunkt vor diese Herausforderung, damit du daran wachsen kannst. Weil JETZT die richtige Zeit dafür ist. Wenn du den Blickwinkel in diese Richtung lenkst, wirst du deine Kraft in dir spüren. Die Kraft, dass du mit dieser Situation umgehen kannst. Es ist deine Chance. Es ist deine Entscheidung, wie du darüber denkst. Überlege einmal:

Wenn dir gekündigt worden ist, warst du beruflich vielleicht noch nicht am richtigen Platz? War wirklich alles okay für dich? Stimmte alles rundum? Oder gab es Probleme, die du vielleicht ignoriert hast? Vielleicht betrafen sie dich gar nicht persönlich? Vielleicht muss die Firma Arbeitsplätze einsparen und kündigt also zuerst den Mitarbeitern, denen sie wegen der Sozialauswahl zuerst kündigen darf?

Wie auch immer: Es gibt sicher einen besseren Ort für dich. Eine befriedigendere Arbeit und ein angenehmeres Arbeitsklima. Du wirst diese Arbeit finden, die auf dich wartet. Du bist beruflich einfach noch nicht angekommen, wo du ankommen sollst.

Kündigungen geschehen nie GEGEN DICH, sondern IMMER FÜR DICH.

Eine Kündigung ist die Chance für einen Neuanfang. Eine Chance, etwas Wertvolleres, Besseres aus deinem Leben zu machen. Eine Arbeitssituation zu finden, in der du dich voll entfalten kannst. Die dich glücklich macht.

Diese Arbeit gibt es – immer! Suche sie, bis du sie gefunden hast. Vielleicht ist es sogar der Weg in die Selbstständigkeit. Erkenne das Gute, die Chance und die Möglichkeiten, die sich dir jetzt eröffnen. Lass das hinter dir, was du ohnehin nicht beeinflussen kannst.

Wie ich selbst meine Chance erkannte

Du meinst, ich habe ja gut reden? Ich wüsste nicht, was eine Kündigung bedeutet?

Dann lies meine persönliche Geschichte:

Mit neunzehn Jahren hatte ich den Traum, Basketball-Profitrainer in der deutschen Basketballbundesliga zu werden. Für diesen Traum habe ich Tag und Nacht an sieben Tagen die Woche gearbeitet. Mit fünfundzwanzig bekam ich unvermittelt die Chance, zuerst der Assistenztrainer und wenig später – sozusagen über Nacht – einer der jüngsten Basketball-Bundesliga-Cheftrainer zu werden. Ich sagte zu und übernahm den Job. In meiner Wahrnehmung war mein Traum Realität geworden.

Mit sechsundzwanzig wurde ich zum ersten Mal gefeuert. Ich weiß heute noch, wie ich vollkommen in mich zusammengefallen bin, als mein Manager mir die Kündigung ausgesprochen hat.

Ich fing an zu weinen, weil in meiner Realität in diesem Moment mein Traum zerplatzte. Ich war gescheitert. Tagelang lief ich wie betäubt durch die Gegend und konnte es nicht fassen. Dann wechselte meine Gefühlslage: Ich wurde wütend und – innerlich – aggressiv. Ich fluchte über den »bescheuerten Manager«, der mir in meinen Augen in den Rücken gefallen war. Ich war wütend auf unsere Fans, die mich bei Heimspielen nicht genügend unterstützt hatten. Ich war sauer auf die Spieler, die sich nicht genug angestrengt hatten. Und natürlich gab ich auch den Medien die Schuld, weil ihre Berichterstattung in den Wochen vor meiner Kündigung zu negativ gewesen war.

Konnte denn keiner sehen, dass ich mit meinen sechsundzwanzig Jahren jeden Tag mein Bestes gab? Dass ich von morgens bis nachts durcharbeitete, um dem Verein zu helfen?

Dass ich daran arbeitete, jeden Spieler besser zu machen? Ich war so enttäuscht und frustriert.

Mein Lebenstraum, meine Welt war zusammengebrochen. Diese negative Gedankenspirale sorgte dafür, dass ich mich plötzlich wie der größte Versager fühlte. Ich traute mich nicht einmal mehr, durch die Stadt zu gehen – damit keiner diesen Versager sehen konnte.

Es dauerte eine Zeit, bis ich in der Lage war, meinen Blickwinkel zu ändern und die gleiche Situation mit anderen Augen zu sehen. Irgendwann wurde mir bewusst, dass Profitrainer zu sein für mich nicht das Richtige war. Ich erkannte, dass ich nicht die notwendigen Fähigkeiten und Charaktereigenschaften eines guten Profitrainers hatte. Und mir wurde auch bewusst, dass ich während meiner Amtszeit nie wirklich »in meiner Kraft gestanden« hatte.

Ich hatte diese Mängel mit Fleiß und Anstrengung zu kompensieren versucht, aber das klappte natürlich nicht. Und schließlich wurde mir sogar klar, dass ich als Profitrainer nicht glücklich gewesen war, sondern in erster Linie nach Anerkennung gestrebt hatte.

Eines Nachts stieg in mir die BEWUSSTHEIT auf, dass das Schicksal mir mit dieser Kündigung sagte:

»Christian, mit dieser Kündigung möchte ich dir helfen. Gestehe dir ein, dass der Profisport nicht das richtige berufliche Feld für dich ist. Entwickle dich beruflich in eine andere Richtung.«

Heute bin ich unglaublich DANKBAR dafür, dass ich mit sechsundzwanzig dieses für mich wahnsinnig schmerzhafte Ereignis »Entlassung als Profitrainer« erleben durfte.

Hätte ich diese Kündigung nicht erlebt, wäre ich jetzt wahrscheinlich nicht der erfolgreiche Mentaltrainer und Seminarleiter, der ich bin. Ich könnte nicht in der für mich schönsten Branche arbeiten, der Persönlichkeitsentwicklung: Menschen zu helfen, das Beste aus sich und ihren Möglichkeiten zu machen.

Ich hätte bis heute nicht über fünfhunderttausend Teilnehmer in meinen Vorträgen und Seminaren unterstützen können, ein besseres Leben zu führen, wenn ich mit sechsundzwanzig nicht gekündigt worden wäre.

Heute besitze ich die BEWUSSTHEIT zu sagen:

DANKE, liebes Leben, dass du mich mit sechsundzwanzig Jahren durch diese Kündigung hast gehen lassen, um mir unmissverständlich die Botschaft zu schicken: Das Leben hat noch etwas viel Besseres mit dir vor.

Genau dies verdeutlicht der Titel dieses Buches:

BEWUSSTHEIT

Die *Bewusstheit* gibt dir die Fähigkeit, deinen Blickwinkel anzupassen, neu entstehende Chancen und Möglichkeiten zu erkennen und die notwendigen Veränderungen in deinem Leben anzustoßen. Das Ereignis »Kündigung« ist immer noch da. In der Außenwelt hat sich nichts getan. Doch *in dir* hat sich etwas verändert, und mit dieser inneren Wandlung erschaffst du nun Schritt für Schritt die gewünschte Veränderung in deiner äußeren realen Lebenswelt. Dein Leben wird sich von Grund auf zum Positiven hin wandeln.

Warte nicht, sondern werde aktiv!

In der Veränderung des Blickwinkels, indem du den Blick auf die Chancen, auf das Positive, richtest, steckt eine tiefe Weisheit:

Um nachhaltige Veränderungen in deinem Leben anzustoßen, braucht es oft noch nicht einmal eine Veränderung, die von außen kommt. Menschen müssen sich nicht besser oder unterstützender dir gegenüber verhalten; es muss kein Traumpartner in dein Leben treten, der dich von deinen Zweifeln erlöst, kein Lottogewinn, der dich befreit.
Du brauchst kein Glück, das dich sucht und dir gibt, was du jetzt brauchst. Denn das Glück ist in dir, du blickst nach innen und findest es.
Es braucht die Fähigkeit, mit »neuen« Augen auf dieselbe Welt zu blicken: deine gegenwärtige Lebenssituation aus einer anderen Perspektive zu betrachten.

Bleiben wir beim Thema Beruf, um die Bedeutung der Fähigkeit, den Blick auf das Positive zu richten, noch mehr zu verinnerlichen:

Stell dir vor, du wirst versetzt. Du arbeitest in einer großen Firma, und du darfst ab morgen in einer anderen Stadt arbeiten, vielleicht sogar in einem anderen Land, dessen Muttersprache du weder sprichst noch verstehst. Du darfst an einen neuen Ort mit anderen Menschen und einer anderen Kultur ziehen. An einen Ort, an dem du noch nie warst. An dem du dich nicht auskennst.

Wenn du diese Zeilen liest: Was lösen sie in dir für Gefühle aus?
Welche Empfindungen steigen in deinem Körper auf?

Wie schaust du auf dieses Ereignis?

Bist du frustriert, weil du vielleicht von deinem Partner oder deiner Familie getrennt wirst? Weil du an einen völlig unbekannten Ort gehen sollst? Siehst du sofort das Negative, die Probleme und Gefahren? Wie schwer es für dich werden könnte? Dass du gar »scheitern« könntest?

Oder erkennst du die Möglichkeiten?

Die Chancen, die sich dir bieten werden, wenn du mit einer offenen Haltung und einem freundlichen Geist diese Aufgabe angehst? Siehst du die Türen, die sich dir in einer neuen Welt öffnen werden? Siehst du, dass du eine neue Kultur und andere Menschen kennenlernen darfst? Siehst du, dass du mit diesen Erfahrungen Talente und Fähigkeiten weiterentwickeln kannst, die du bisher ungenutzt lassen musstest? Vielleicht wirst du eine neue Sprache erlernen oder vorhandene Sprachkenntnisse ausbauen können?

Erkennst du, dass auch deine privaten Beziehungen davon vielleicht profitieren können? Vielleicht ist dein Partner, deine Partnerin oder deine Familie ebenfalls offen für neue Erfahrungen an einem anderen Ort?

Vielleicht bekommst du mehr Verantwortung? Und damit auch eine Gehaltserhöhung am neuen Ort? Vielleicht legst du mit dem Wechsel sogar den Grundstein für eine spätere Selbstständigkeit?

Prüfe also genau, welche Chancen dir ein Ortswechsel bietet.

Der Dreisatz für den Umgang mit Gefühlen

Menschen, die negative Gefühle mit sich herumtragen, kommen oft aus dem Kreislauf negativer Gefühle und Gedanken nicht mehr heraus: Sie haben etwas erlebt, das sie traurig macht, können sich nicht mehr freuen und werden vielleicht sogar sauer, weil andere um sie herum gut gelaunt sind.

Oder sie sind wütend auf jemanden oder etwas, weil sie enttäuscht wurden. Und nun kommen sie aus der Spirale von Enttäuschung und

Wut darüber nicht mehr heraus und schaffen es nicht, zu vergeben. Damit vergeben sie sich selbst nicht und machen sich Schritt für Schritt immer kränker.

Andere wiederum haben Angst vor etwas, vor einer Prüfung vielleicht, aber sie meinen, sie dürften auf keinen Fall Angst haben, weil sie dann zu nervös werden und die Prüfung nicht bestehen.

Kennst du solche oder ähnliche Situationen auch? Wie gehst du damit um, nachdem du in den ersten Abschnitten dieses Buches schon viel erfahren hast über den Umgang mit unangenehmen oder beängstigenden Ereignissen? Beherzigst du das, worüber wir gesprochen haben?

Du kannst jederzeit zurückblättern und die hilfreichen Imaginationen durchführen, die dich voranbringen.

Über eine Sache aber habe ich noch nicht klar genug mit dir gesprochen:

Über die Wahrheit, dass unsere Emotionen *bipolar* sind: Alles, was wir emotional erfahren und erleben, hat stets zwei Pole.

- Nur wer Traurigkeit kennt, sie schon gefühlt hat, weiß, was echte Freude ist, und kann sie von tiefstem Herzen erleben.
- Nur wer Getriebenheit kennt, weiß, was Ruhe und Gelassenheit sind und kann sie immer weiter trainieren und entwickeln.
- Nur wer Frust erlebt hat, weiß Zufriedenheit und Glücksmomente zu schätzen.
- Nur wer Hass und Aggressivität kennengelernt hat, weiß, wie wertvoll Zugewandtheit und Liebe sind.

Diese Liste könnten wir endlos fortsetzen. Vor einem weißen Hintergrund kannst du das helle Licht nicht erkennen. Erst der Kontrast macht sichtbar, wie wertvoll das ist, was uns oft selbstverständlich erscheint. Wir leben in einem reichen Land: Wir haben nicht nur ein Dach über dem Kopf, ein Bett und ausreichend zu essen, sondern viel, viel mehr. Wir haben sogar so viel, dass wir jedes Jahr allein in

Deutschland rund dreizehn Millionen Tonnen Lebensmittel wegwerfen (www.zeit.de, 30.05.2019). Übrigens ist ein ganz großer Anteil von Früchten und Gemüse dabei, der allein deshalb, weil er nicht »schön« genug ist oder nicht der EU-Normgröße entspricht, in den Abfall wandert.

Menschen wie unsere Großeltern und Urgroßeltern, die Kriege erlebt haben, Angst, Schrecken und Hunger kennen, haben erzählt, wie selig sie waren, als sie wieder genug zu essen hatten. Wie hoffnungsfroh sie in die Zukunft schauten. Die Erlebnisse ihrer Kindheit haben sie geprägt, meist für ein ganzes Leben. Seien wir dankbar, dass uns das alles erspart geblieben ist.

Für dich und dein Leben im Hier und Jetzt ist wichtig:

Jedes Gefühl – auch negative Gefühle wie Traurigkeit, Enttäuschung, Scham, Ängstlichkeit – hat seine Berechtigung.

Traurigkeit, Angst oder Scham zu empfinden gibt dir die Gelegenheit, die gegensätzlichen Gefühle dazu tiefer spüren zu können. Erst im Kontrast zu diesen unangenehmen Gefühlen wirst du – bei anderer Gelegenheit – tiefe Freude, Dankbarkeit, Liebe und Mut erleben.

Bleibe authentisch und verdränge deine negativen Gefühle nicht, sondern beobachte sie, übe *Bewusstheit*. Sei achtsam und aufmerksam für jedes Gefühl, das in dir aufsteigt. Schau es genau an, durchlebe es und – lass es wieder gehen. Jedes Gefühl wird sich früher oder später auch wieder verabschieden.

Negative Gefühle steigen in dir auf, wenn du Unangenehmes erlebst. Beobachte, was mit dir geschieht. Sei im ersten Schritt dankbar für jedes Gefühl, das in dir entsteht. Dankbarkeit löscht den Widerstand gegen bestimmte Gefühle erst einmal aus. Dankbarkeit reinigt dich, heilt dich.

*

Du weißt inzwischen, dass du deine Blickrichtung verändern wirst, nachdem sich der Schock oder die Trauer gelegt haben. Du suchst die Chance in dem, was dir zugestoßen ist. Du wirst erkennen, welche Möglichkeiten dir offenstehen, wenn du die Perspektive änderst. Und daher ist der richtige Umgang mit deinen Gefühlen für die Zeit während und unmittelbar nach einem Unglück, einem Schicksalsschlag oder einer Enttäuschung:

>   das Gefühl wahrnehmen,
>   das Gefühl durchleben,
>   das Gefühl gehen lassen.

Jedes Gefühl, das in dir aufsteigt, verabschiedet sich auch wieder von dir. Daher gilt stets dieser Dreisatz für den Umgang mit deinen Gefühlen: wahrnehmen, durchleben, gehen lassen.

Wenn du mit einer leicht depressiven Grundstimmung durch den Tag gehst, spüre in deinen Körper hinein und frage dich:
Was passiert gerade mit mir?
Zieht sich meine Brust zusammen? Atme ich flach? Spanne ich meine Schultern an? Wie lange nehme ich schon diese verspannte Körperhaltung an? Warum bin ich passiv und fühle mich kraftlos? Beobachte deinen Körper und deinen Geist. Was ist die Ursache deiner Grundstimmung? Kannst du etwas dagegen tun? Oder kommst du ihr im Moment nicht auf den Grund?

Dann experimentiere, wie du dieses leicht depressive Gefühl ziehen lassen kannst: Vielleicht triffst du dich mit Freunden? Vielleicht machst du etwas, das dir Freude bereitet?

Du gehst tanzen, machst Sport oder gehst spazieren an der frischen Luft. Du schaust endlich den Film an, den du schon lange sehen wolltest. Oder du liest das Buch, das dir neulich empfohlen wurde. Auch ein Podcast oder gute Musik könnten deine Grundstimmung verändern.

Mit BEWUSSTHEIT erkennst du die Botschaft, die dir dein Innerstes in diesem Moment der leichten Verstimmung vermitteln möchte: »Du bist zu passiv.« – »Komm ins Handeln.« – »Pack dein Leben an.« – »Beweg deinen Körper. Mach Sport.« – »Hör auf, über ein bestimmtes Thema zu grübeln.« – »Schalte das negative Gedankenkarussell in deinem Kopf ab.« – »Denk über andere, schönere Dinge nach.«

Experimentiere so lange, bis du die Botschaft verstanden hast. Dann verabschiedet sich das depressive Gefühl wieder von dir, weil du gehandelt hast; es hat seine Berechtigung verloren.

*

Negative Gefühle sind also nichts, wovor du Angst haben musst. Sie gehören zum Leben dazu, und sie werden immer wieder entstehen. Denn es wird immer wieder Ereignisse geben, die du nicht ändern kannst, die unvorhersehbar sind. Das perfekte Leben gibt es nicht. Mein Leben ist auch nicht perfekt.

Stell dir doch mal vor, unser Leben wäre perfekt. Es wäre dann garantiert todlangweilig. Weil wir noch nicht einmal erkennen könnten, wie gut ein gutes Gefühl ist, wie schön Freude und Glück sind. Denn wir würden das Helle vor der weißen Wand nicht sehen können. Und wir hätten überhaupt keine Möglichkeit, uns weiterzuentwickeln. Wir müssten keine Aufgaben mehr bewältigen. Wäre das nicht schrecklich?

Jeder Mensch hat *seine* Herausforderungen. Sei dankbar für *deine* Herausforderungen. Sie zeigen dir *deinen* Weg im Leben und *deine* nächsten Entwicklungsmöglichkeiten.

Nein? Du bist noch nicht überzeugt?

Denkst du, dass du ein so großes persönliches Problem lösen musst, dass du diese Herausforderung nicht bewältigen kannst?

Willst du dich etwa blockieren lassen und deine wertvolle Lebenszeit vergeuden?

Nein!

Ändere deinen Blickwinkel auf das, was dich im Moment so sehr beschäftigt und bedrückt. Wenn es dir nicht sofort gelingt, dann ziehe jetzt sofort Bilanz: Notiere auf einem Blatt Papier, was alles Gutes in deinem Leben ist. Welche Menschen dich lieben. Welche Freunde du hast. Was dir Freude macht. Wofür du dankbar in deinem Leben bist.

Sei dankbar für *alles*, was du an Positivem auf deiner Liste vermerkst. Denke darüber nach, dass vieles von dem, was du notiert hast, dein Leben schon lange bereichert, du es vielleicht in deinem Alltag nur nicht mehr bewusst wahrnimmst und damit auch nicht mehr schätzt.

Mach dir bewusst: Das ganze Leben ist ein einziges Geschenk. Sei dankbar für dieses Geschenk – es ist das größte und schönste Geschenk, das du überhaupt bekommen kannst. Und deine Aufgabe ist es, dieses Geschenk, deine Lebenszeit, so weise wie möglich zu nutzen.

Nun schau dir noch einmal diese Herausforderung an, die dich aktuell so beschäftigt. Vor dem Hintergrund all dessen, was du an Positivem in deiner Liste notiert hast, wirst du nun erkennen, dass auch in dieser Herausforderung eine Chance verborgen ist. Du wirst sie nun suchen und finden.

Und dann gehst du bewusst durch jeden Tag der Woche und nimmst dir vor:

Ich verändere meinen Blickwinkel.
Weg vom Negativen. Hin zum Positiven.
Weg vom Mangel. Hin zu dem, was da ist.
Weg von Groll. Hin zu Liebe und Akzeptanz.
Weg von Selbsthass. Hin zur Eigenliebe.
Ich konzentriere mich auf das Gute, auf das Positive, auf das, was ich bereits habe.
Ich erkenne die Chancen, Möglichkeiten und Gelegenheiten in jeder Situation.

Jetzt auf einmal beginnt – gefühlt – dein Leben sich zu verändern. Es fühlt sich anders an, weil sich deine Perspektive verändert hat. In Wirklichkeit passiert im Außen vielleicht gar nichts! Nichts verändert deine Herausforderungen, sie verschwinden nicht einfach. »Außen« bleibt alles gleich, aber deine Wahrnehmung ist eine andere. Sie verändert dein Fühlen, Denken und Handeln hin zum Guten, Positiven.

Du erkennst nun die Chancen und Möglichkeiten. Du trainierst nun täglich, das Gute zu sehen, die Chancen zu erkennen und dein Handeln danach auszurichten.

Deine Konzentration auf das Positive erzeugt angenehme Gefühle in dir. Und mit diesen positiven Gefühlen in dir verändert sich dein Leben.

*

In meinen Seminaren erlebe ich das so oft, dass Teilnehmer am Ende sagen: »Dieses Seminar hat mein Leben komplett verändert.«

Es kommen immer mal wieder skeptische Journalisten zu meinen Events, weil sie nicht glauben können, dass ein Seminar das Leben von Menschen verändern kann. Dann interviewen sie einzelne Teilnehmer. Sie wollen herausfinden, ob sich messbar etwas verändert hat durch die Teilnahme. Sie wollen Belege dafür finden, ob die Seminarinhalte das Leben der Teilnehmer beeinflussen können oder nicht. Es passiert immer wieder, dass dann jemand sagt: »Ich kann nicht messbar formulieren, was sich verändert hat. Es fühlt sich nur so anders an.«

Was ist passiert?

Es ist schlicht und einfach der völlig neue Blickwinkel, den diese Menschen auf ihr Leben bekommen haben.

*

Sobald sich der Blickwinkel eines Menschen verändert, verändert sich seine Wahrnehmung und damit sein Lebensgefühl. Ein Außenstehender kann es oft nur schwer nachvollziehen, wenn er versucht, es rational zu verstehen. Doch in jedem Fall nimmt er wahr, welche Begeisterung, welche Glücksgefühle Menschen ausstrahlen, deren Perspektive sich verändert hat.

Du erinnerst dich:

Erst geschieht es im Inneren, dann in der äußeren Wirklichkeit.
Dein Blickwinkel ist der Schlüssel, um Zugang zu einer positiven Gefühlswelt zu bekommen.

- Dein Blickwinkel ist der Schlüssel zu deiner Zufriedenheit und Dankbarkeit.
- Dein Blickwinkel ist der Türöffner zu Klarheit über dein Leben.
- Dein Blickwinkel ist der Schlüssel zur inneren Ruhe und Gelassenheit.
- Dein Blickwinkel verschafft dir eine positive Grundhaltung.
- Dein Blickwinkel verändert deine Ausstrahlung und deine Wirkung.

Wir wollen oft so gerne die Dinge in unserem Leben verändern: »Ach, wenn ich endlich genug Geld hätte …« – »Wenn ich endlich mehr an mich glauben würde und mich selbst mehr annehmen könnte …« – »Wenn andere Menschen mich endlich mehr respektieren würden …« – »Hätte ich nur dies und jenes …«

Wenn du die Dinge ändern möchtest, die du nicht ändern kannst, gerätst du in einen sinnlosen, zermürbenden Kampf.

Viel einfacher ist es, deine Innenwelt zu ändern:

Ändere deine Sicht auf Menschen, Situationen und Ereignisse.
Nimm mit Bewusstheit wahr, dass Menschen, die in deinen Augen ein glücklicheres Leben führen, oft über die Jahre gelernt haben, Istzustände einfach immer durch die Brille

der Chancen, Möglichkeiten und Gelegenheiten zu sehen. Und dann haben sie die Eigenverantwortung übernommen, das zu ändern und zu beeinflussen, was sie beeinflussen können.

Schmerzhafte Trauer und heilender Dank

Wir Menschen haben bei aller Verschiedenheit etwas gemeinsam. Zeit ist das Einzige, was uns wirklich gehört. Alles andere ist nur geliehen. Unser Leben ist endlich und nicht nur deshalb kostbar. Wenn wir jemanden verlieren, den wir lieben, erleben wir den tiefsten Schmerz, den wir kennen.

Trauer ist wichtig. Sich von einem geliebten Menschen zu verabschieden ist notwendig. Bis wir diesen Abschied nicht nur äußerlich, sondern auch innerlich vollzogen haben, kann es lange dauern. Doch irgendwann gilt es, aus dieser Trauer herauszukommen, denn wir sind verantwortlich für unser eigenes kostbares Leben. Das Gestern ist nicht zu ändern, aber das Morgen schon. Der geliebte Mensch erhält einen Platz in deinem Herzen. Er ist zwar physisch nicht mehr da, aber er bleibt bei dir. Und das Schönste und Beste, was du für ihn und dich selbst tun kannst:

Du lässt die Traurigkeit ziehen. Du änderst deine Blickrichtung und lenkst deinen Blick vom Gestern auf das Morgen und dankst für das, was war. Du empfindest Dankbarkeit für die gemeinsame Zeit, die ihr miteinander hattet. Du vollziehst dieses heilsame Ritual jeden Tag. Du schließt deine Augen und dankst dem verstorbenen Menschen für all das, was ihr gemeinsam erlebt habt:

- für euren Austausch und eure tiefe Verbundenheit;
- für eure gegenseitige Unterstützung mit Worten und Taten;
- für die magischen Momente, in denen ihr euch miteinander gefreut habt;

- für die herrlichen Momente, in denen ihr miteinander gelacht habt.

Trauer gehört dazu. Doch wenn ein Mensch nicht aus seiner Traurigkeit herauskommt, wird daraus ein dauerhafter Schmerz, ein Leiden. Ein Mensch, der leidet, hat sein Lebensglück aus der Hand gegeben. Trauer ist notwendig, doch das Leiden ist selbst gewählt. Komm aus dem Leiden heraus und ersetze Traurigkeit durch Dankbarkeit. Sei nicht traurig, dass der Mensch gegangen ist. Sei dankbar dafür, dass er da war.

Der Tod gehört zum Leben dazu, er vollendet das Leben.

Eine magische Frage, die dir in den schwierigsten Situationen immer weiterhelfen kann, ist die Frage:

Was ist das Gute daran?

Es mag in dunklen Momenten und extrem herausfordernden Situationen verdammt schwer sein, diesen Blickwinkel anzunehmen. Und in jedem Ereignis, egal, wie schmerzhaft oder frustrierend es ist, das Gute zu finden. Doch ich kann dir aus eigener Erfahrung empfehlen:

Werde ein Profi in dem Spiel »Was ist das Gute daran?«
Was auch immer dir passiert, finde das Gute in jedem Ereignis.
Finde heraus, wie diese Situation dir helfen kann.
Wie sie dich auf Dauer stärker, empathischer und weiser machen kann.
Dass du beim nächsten Mal besser damit umgehen kannst.
Damit du aus den schwierigsten Herausforderungen die Kraft mitnimmst, um dich in die beste Persönlichkeit zu entwickeln, die du werden möchtest.

Auch ich habe einen sehr schmerzhaften Schicksalsschlag erlebt. Lies, wie es mir gelungen ist, den Blickwinkel darauf zu ändern:

> Mit sechzehn Jahren habe ich fern von meiner Familie in einem Basketball-Internat gelebt, weil ich Profi werden wollte. Neben der Abiturvorbereitung haben wir täglich zweimal trainiert. Vormittags und am Abend. Um dieses Pensum erfolgreich zu absolvieren, hatte ich ein Ritual:
> Jeden Tag nach der Schule habe ich mich hingelegt und einen kleinen Mittagsschlaf gemacht, um am Nachmittag fit zu sein für die Abiturvorbereitung und die dreistündige Trainingseinheit am Abend.
> Eines Tages, als ich meinen Mittagsschlaf hielt, klopfte es an meine Zimmertür. Das war absolut ungewöhnlich. Denn jeder wusste, dass ich um diese Zeit nicht gestört werden wollte.
> Ich schreckte aus dem Schlaf hoch, die Tür ging auf, und mein Onkel, meine Mutter und mein Bruder standen da. Mit ernsten Gesichtern und Tränen in den Augen.
> Im ersten Moment war ich vollkommen verwirrt, freute mich, meinen Lieblingsonkel zu sehen, und sagte: »Hey, was machst du hier? Schön, dich zu sehen.«
> Im selben Moment merkte ich, dass die drei nicht gekommen waren, um mich zu überraschen, sondern dass hier etwas ganz gewaltig nicht stimmte.
> Mein Onkel setzte sich neben mich auf die Bettkante und sagte:
> »Christian, setz dich mal auf.« Er nimmt mich in den Arm und sagt zu mir: »Christian, du musst jetzt ganz, ganz stark sein.«
> Ich frage: »Warum, was ist passiert?«
> Mein Onkel brach in Tränen aus und schluchzte:
> »Christian, dein Vater hat sich umgebracht.«

> Ich kann mich an diese Situation noch heute so erinnern, als wäre sie gestern passiert. Ich wusste in diesem Moment nicht, wie ich reagieren sollte. Alles drehte sich um mich herum. Ich fiel in eine Art Schockstarre.
> Und dann stellte ich nur eine Frage – immer wieder:
> »Warum? Warum ist das passiert?«

Mein Vater hatte entschieden, sich aus dem Leben zu verabschieden, weil er als Unternehmer Millionen Schulden hatte. Bevor er seinen lang gehegten Traum von der eigenen Selbstständigkeit verwirklichte, war er ein Leben lang angestellt gewesen.

Doch er hatte immer den Traum mit sich herumgetragen, selbstständig zu sein. Und als dieser Traum innerlich für ihn real wurde, als mein Vater seine Geschäftsidee entwickelt und ein Patent darauf angemeldet hatte, handelte er und verwirklichte seinen Traum im realen Leben.

Sein technisches Konzept war, in großen Gebäuden wie Hotels enorm viel Heizenergie und damit Kosten sparen zu können.

Mein Vater fand einen Geschäftspartner. Die patentierte Idee war wirklich gut, doch mein Vater hatte keinerlei Erfahrung als Unternehmer und überließ deshalb seinem Partner den kaufmännischen Part. Und das funktionierte nicht. Auf einmal hatten sie Millionen Schulden. Mein Vater sah keinen Weg, diesen Schuldenberg abzutragen. Der Verkauf lief nicht wie geplant, und bei entscheidenden Präsentationsterminen funktionierte die Technik nicht so, wie sie es sollte.

Mein Vater kam mit dieser Situation nicht zurecht, er verzweifelte daran und entschied, sich aus dem Leben zu verabschieden.

Dieser Suizid war ein einschneidendes Ereignis in meinem Leben. Jahrelang beschäftigte es mich.

Wenn sich jemand aus dem Leben verabschiedet, weil er unheilbar krank ist, kann ich das nachvollziehen, aber so?

Wegen Geld? Wegen Papierscheinen, auf denen Zahlen stehen? Das war für mich nicht nachvollziehbar. Daher konnte ich lange Zeit die Entscheidung meines Vaters nicht akzeptieren.

Doch irgendwann änderte ich meinen Blickwinkel. Ich bewertete seinen Suizid nicht mehr aus meiner Sicht. Ich betrachtete ihn als Ereignis, das nichts mit mir persönlich zu tun gehabt hatte und das ich nicht beeinflussen konnte. Damit war ich in der Lage, die Entscheidung meines Vaters *als seine eigene* zu respektieren.

Es war *seine Entscheidung* – nicht *meine*. Und seine Entscheidung hatte nichts mit mir zu tun, sondern entstand aus seiner eigenen Verzweiflung.

Dieser veränderte Blickwinkel gab mir die Freiheit zu fragen: Bei allem Schmerz, den ich spüre, welche wertvolle Erkenntnis kann ich aus diesem Suizid für mich mitnehmen, etwas, das mir für die Zukunft emotional hilft und mich nicht zerbrechen lässt?

Wie kann mir diese Erfahrung, so schmerzhaft sie ist, helfen, ein besseres Leben zu führen? Ein erfolgreicheres Leben? Wie kann ich die Fehler vermeiden, die er machte?

Bei der Beerdigung passierte dann etwas mit mir, von dem ich heute weiß, dass es meine Befreiung in meinem größten Schmerz war: Ich beschloss, dass mir selbst nie so etwas passieren würde wie meinem Vater.

Ich beschloss, nie in meinem Leben auch nur einen Cent Schulden zu machen; ich beschloss, eines Tages finanziell frei zu sein – für immer.

Ich beschloss, eines Tages erfolgreicher Unternehmer zu werden – der erste in unserer Familie.

Diese wegweisenden Entscheidungen für mein Leben traf ich innerlich während der Trauerfeier. Ich habe nie mit jemandem darüber gesprochen. Mit niemandem.

Doch diese Entscheidungen haben mich bis heute in meinem Tun begleitet:

Bis heute hatte ich nie auch nur einen Cent Schulden.

Heute bin ich finanziell frei.
Heute bin ich erfolgreicher Unternehmer.

*

Der Schicksalsschlag war für mich damals extrem schmerzhaft, doch gleichzeitig war er meine Befreiung:

Weil er mich motiviert hat, meinen Weg zu gehen.

Und diesen Weg als Unternehmer erfolgreicher zu gehen, als mein Vater es konnte. Ich habe auf diesem Weg auch Angst kennengelernt, weiß, wie es sich anfühlt, pleite zu sein und nicht zu wissen, wie es weitergehen soll. Ich weiß, wie es sich mit dem Druck von über vierzig Mitarbeitern lebt.

Ich habe mein Ding gemacht und bin meinem Herzen gefolgt. Und ich bin diesen Weg auch immer gegangen, um meinen Vater zu ehren.

Auch das ist mein Blickwinkel.

Verstehe bitte eines, Gewinner:
Alles im Leben ist eine Frage des Blickwinkels.

Du kannst nicht alle Ereignisse in deinem Leben beeinflussen. Doch wir wollen das immer.
Wir bilden uns ein, wir seien so mächtig, alles beeinflussen zu können, was wir auf dem Weg zu unserem gesetzten Ziel vorfinden.
Ja, wir können Ziele verfolgen und sie auch erreichen. Doch den Weg dahin, die Reise zum Ziel mit all ihren Hürden, können wir oft nicht beeinflussen. Und meistens ist diese Reise viel schwieriger, als wir es uns vorstellen können.

Verstehe bitte eines:

Dein Blickwinkel im Leben ist ALLES!

Beschließe, in jeder Situation auf das Gute zu schauen, nicht auf das Schlechte:

- *auf die Chance, nicht auf die Gefahr;*
- *auf das Positive, nicht auf das Negative;*
- *auf das, wofür du dankbar sein kannst, nicht auf das, was dich frustriert;*
- *auf den Überfluss, nicht auf den Mangel;*
- *auf das, was dich weiterbringt, nicht darauf, was dir schaden könnte.*

Persönliche Kritik zum Guten wenden

Die Veränderung deines Blickwinkels hilft dir auch, mit persönlicher Kritik gut umzugehen. Jeder von uns kennt das:

Du wirst von einem Menschen kritisiert, den du sowieso nicht sympathisch findest. Du empfindest die Kritik als verletzend, wirst sauer und schießt sofort zurück. Innerhalb weniger Sekunden seid ihr in einen hitzigen Schlagabtausch verwickelt.

Wie wäre es mit einem anderen Blickwinkel? Wie wäre es, dem Kritisierenden mit folgender innerer Einstellung zu begegnen?

Danke, dass du mir die Gelegenheit gibst, noch besser zu werden. Ich weiß, dass in jeder Kritik ein kleiner Funken Wahrheit steckt. Ich danke dir, dass du in mein Leben getreten bist und jetzt mein Prüfstein bist. Danke, dass ich üben darf, mich durch diese persönliche Kritik nicht verletzen zu lassen. Ich trainiere, in deinen Worten das zu finden, was mich auf sachlicher und inhaltlicher Ebene nach vorne bringt. Ich blende das persönlich Verletzende aus. Denn ich bin bereit zu lernen, Kritik nicht mehr persönlich zu nehmen. Weil ich weiß: Was Peter über Paul sagt, sagt oft mehr über Peter als über Paul.

Dazu hatte ich ein Erlebnis, das dir dieses Phänomen verdeutlichen kann:

> Mit unserem Team war ich in einem Klausur-und-Strategie-Meeting in einem tollen Hotel in Österreich. Nach einem langen Tag bin ich in den Kraftraum gegangen und habe folgende Übung gemacht:
> Ich stehe barfuß fest auf beiden Beinen und gehe langsam in die Hocke. Und zwar so, dass ich mit meinem Po auf den Fersen zu sitzen komme, während der gesamte Fuß weiterhin Bodenkontakt hat. Dann bleibe ich einige Minuten bewegungslos in dieser Hockposition.
> Ich sitze da, schaue aus dem Fenster und versuche, den Schmerz zu unterdrücken. Eine Trainerin kommt vorbei, schaut mich an und sagt: »Hey, mach mal deinen Rücken gerade. Fall nicht so in dich zusammen. Bring ein bisschen Körperspannung in dich rein.«
> Vor zehn Jahren hätte ich diese kritischen Worte als verletzend empfunden und wahrscheinlich in Gedanken (!) mit der Bemerkung reagiert: »Was fällt dir ein, mich so anzusprechen und mir deine Meinung aufzudrücken?!«
> Doch heute bin ich dankbar, wenn Menschen sich die Zeit nehmen, mir ein Feedback zu geben. Ich sage zu der Trainerin: »Danke, dass du dir die Zeit nimmst, mir zu zeigen, wie ich die Übung richtig mache.«
> In diesem Moment passiert etwas Faszinierendes. Die Dame bleibt stehen, legt ihre Tasche zur Seite und fragt: »Darf ich dir helfen?«
> »Ja klar, gerne, hilf mir bitte, besser zu werden. Ich bin dankbar für deine Unterstützung.«
> Sie geht neben mir in die Kniehocke, macht die Übung perfekt vor und sagt: »Schau mal, strecke deinen Rücken kom-

plett durch. Richte deinen Nacken gerade auf. Schau nach vorne. Falte deine Hände in eine Gebetsposition. Geh mit deinen Ellenbogen von innen an die Knie und drücke die Knie so ein bisschen auseinander.«

Auf einmal machen wir die Übung gemeinsam.

Schließlich meint sie: »Wenn du jetzt noch die Augen schließt, ganz tief ein- und ausatmest und dich auf deine Atmung konzentrierst, kannst du ein meditatives Training zur Selbstberuhigung aus dieser Übung machen.«

Dankbar schaue ich sie an und sage zu ihr:

»Danke, dass du dir die Zeit nimmst und dass du mir das jetzt auch noch gezeigt hast. Du weißt echt viel. Du bist eine tolle Trainerin.«

Innerhalb von zwei Minuten sind wir Freunde und mögen uns.

Der Startschuss für diesen guten Kontakt war, dass ich ihr erstes Feedback nicht als Kritik, sondern als Einladung aufgefasst habe.

Sei dankbar für jeden Menschen, der dir ein Feedback gibt – egal, in welche Richtung es geht.

Feedback ist das Frühstück der Champions!

8

Selbstvertrauen – die Macht der inneren Stimme

Wie stark ist dein Selbstvertrauen? Selbstvertrauen entscheidet oft über Erfolg oder Misserfolg, denn Selbstvertrauen gibt dir die innere Sicherheit, mit etwas anzufangen, etwas zu wagen.

Es gibt viele Wege, das eigene Selbstvertrauen aufzubauen und zu verbessern. In meinen Seminaren erarbeite ich mit unseren Teilnehmern mehrere Möglichkeiten, wie sie ihr Selbstvertrauen entfalten oder – nach dessen Verlust – wiederherstellen können.

Drei davon sind:

- zu lernen, das eigene Unterbewusstsein zu beeinflussen;
- die eigenen Ängste zu überwinden – weil dort, wo (noch) Angst herrscht, kein Selbstvertrauen sein kann;
- im Alltag mutig zu agieren, selbst wenn das eigene Selbstvertrauen noch nicht stark ausgeprägt ist.

Die Grundvoraussetzung für das Aufbauen, Wiederherstellen und Stärken von Selbstvertrauen ist *Bewusstheit*. Nur mit einer achtsamen, aufmerksamen Haltung der *Bewusstheit* wirst du Selbstvertrauen entwickeln oder festigen. Ja, ich kann gar nicht oft genug daran erinnern, dass dieses Kernthema des vorliegenden Buches für ALLES, was du auf deiner Reise zur Persönlichkeitsentfaltung erfahren und erleben darfst, *Bewusstheit* voraussetzt. Wie du sie erlangst, haben wir zu Beginn besprochen.

Mit *Bewusstheit* erkennst du, dass viele Erfolge, die Menschen erringen, zunächst nicht einem größeren Talent oder besonderen Fähigkeiten zu verdanken sind. Die innere Antriebskraft namens Selbstvertrauen hat sie ermöglicht.

Selbstvertrauen heißt nicht nur, dass du dir selbst in einer bestimmten Situation vertraust, sondern es heißt, dass du dir etwas *zutraust*. Das ist ein bedeutsamer Unterschied. Denn wenn du dir etwas zutraust, bezweifelst du nicht, ob du etwas schaffen kannst, sondern du fängst an, es zu machen. Sobald du aber in schwierigen Momenten daran zweifelst, dass dein Vorhaben nicht gelingen könnte, wirst du nicht handeln.

Du erinnerst dich: Zuerst realisierst du deine Träume in deinem Innern, in deiner Vorstellungskraft, und erst danach wirst du handeln und sie im realen Leben umsetzen. Der Mangel an Selbstvertrauen, der mit Zweifel und Angst gepaart ist, hält dich vom Handeln ab.

Ein wunderbares Ziel ist es, dich so zu entwickeln, dass du dir in den unterschiedlichsten Lebensbereichen in möglichst vielen Situationen selbst vertraust, um handeln zu können.

Schauen wir uns ein paar Lebensbereiche an.

- **Selbstvertrauen im Beruf** ermöglicht dir: eine größere Aufgabe annehmen zu können; mehr Verantwortung übernehmen zu wollen; die angebotene Stelle im Ausland als gute Chance zu begreifen; Jüngere gern auszubilden; Personalverantwortung zu übernehmen; neue Ideen gut präsentieren zu können; das persönliche Netzwerk mit Freude auszubauen; die Firma gut repräsentieren zu können; sich selbstständig machen zu können, wenn es vorteilhaft erscheint; deinen eigenen beruflichen Wert richtig einschätzen zu können; eine eigene Marke aufzubauen; eine persönliche Idee zu verwirklichen.
- **Selbstvertrauen im privaten Leben** ermöglicht dir: für dich selbst einzustehen; zu dir zu stehen; den Weg zu gehen, der sich

für dich richtig anfühlt; dich selbst als sympathischen Menschen überall einzubringen, wo du es möchtest; deiner Familie Halt zu geben; deinen Traumpartner anzusprechen, sobald du ihn findest; dich auf deinen Partner wirklich einzulassen, ihm zu vertrauen, Intimität zuzulassen; Kindern ein verlässlicher Elternteil zu sein; einen guten Freundeskreis aufzubauen; dich in einem Sportclub, einem Verein oder politisch erfolgreich zu engagieren.

- **Selbstvertrauen im Bereich Finanzen** ermöglicht dir: dich in finanziellen Belangen gut informieren und mit Geld gut umgehen zu können; dir erstrebenswerte Finanzziele setzen zu können und zu wissen, dass dir Erfolg im Finanziellen zusteht; dein Geld selbst verwalten zu können; deinen Wert zu kennen und einzufordern.

Selbstvertrauen brauchst du auch, um ganz große Lebensträume und Leidenschaften zu verwirklichen, die über einen der aufgezählten Bereiche hinausgreifen. Vielleicht hast du schon immer davon geträumt, eine mehrmonatige oder mehrjährige Weltreise zu unternehmen? Vielleicht würdest du gern in das Land deiner Träume umziehen, um dort für immer zu leben? Oder magst du die Gelegenheit wahrnehmen und endlich einmal mit dem Fallschirm abspringen, um dich selbst in einer solchen Extremsituation zu erleben?

Für all das brauchst du die Grundzutat *Selbstvertrauen*.

Und damit stellt sich die Frage, womit dein Selbstvertrauen am wirkungsvollsten aufgebaut, wiederhergestellt oder gestärkt werden kann.

Ein bestimmender Faktor für ein gesundes Selbstvertrauen ist die innere Stimme.

Mit deiner inneren Stimme kommunizierst du den ganzen Tag – und sogar nachts im Schlaf. Es ist der Gedankenstrom, der mehr oder weniger pausenlos dahinfließt.

Diese innere Stimme kommentiert alles, was du tust, ist ständig am Erklären, Deuten und Verstehen. Sie gibt zu allem ihren Senf ab: »Das kannst du nicht.« – »Mann, bist du doof.« – »Ich bin nicht gut genug.« – »Ich mach mich doch nicht zum Affen.« – »Was denken denn die anderen?«

So einfach es klingen mag:

Dein Selbstvertrauen hängt wesentlich davon ab, ob deine innere Stimme positiv und bestärkend mit dir redet oder negativ, vorwurfsvoll, schwächend und sie dich damit kleinhält.

Ein Mensch mit bestärkender Eigenkommunikation hört innerlich positive und bestärkende Aussagen wie zum Beispiel:

- Was ich mir vornehme, das erreiche ich – früher oder später.
- Ich mag mich.
- Ich glaube an mich.
- Ich weiß, was ich will. Und was ich nicht will.
- Ich werde gebraucht und erfülle das, was von mir erwartet wird.
- Auch dieses Problem werde ich lösen können, mir fällt immer etwas ein.
- Die Menschen mögen mich, weil ich sympathisch bin.
- Die Menschen bewundern mich, weil ich eine gute Ausstrahlung habe.
- Ich gewinne schnell Freunde, weil andere sich gern mit mir unterhalten.
- Ich werde von meiner Familie geliebt und unterstützt.
- Ich liebe mich.
- Alles in meinem Leben geschieht für mich.
- Ich finde in allem das Gute, die Chance und die Gelegenheit.
- Ich bin unaufhaltbar.

Staunst du über diese bestärkende innere Stimme? Erscheint sie dir viel zu positiv? Viel zu unbescheiden? Unterscheidet sie sich ganz stark von deiner eigenen?

Lass uns der Ursache auf den Grund gehen, denn der beste Nährboden für Selbstvertrauen ist eine geniale innere Kommunikation.

Der Einfluss der Eltern auf die innere Stimme des Kindes

Marlies, Mitte vierzig, ist in einer kinderreichen Familie aufgewachsen. Ihre Eltern waren Lehrer und haben von den Kindern viel verlangt. Alle vier Geschwister haben studiert und üben heute ihre Wunschberufe aus. Zwei Ärzte, eine Juristin und Marlies, die Cellistin in einem namhaften Orchester geworden ist.

Die Eltern waren liebevoll, hatten aber wenig Zeit für die Kinder, weil sie selbst beruflich sehr engagiert waren. Sie hatten als Kinder die Nachkriegszeit erlebt, gelernt zu sparen und keine finanziellen Risiken einzugehen. Ihren Kindern predigten sie stets, dass sie etwas »Ordentliches« werden und keine beruflichen Risiken eingehen sollten.

Das hatte sich in Marlies' Kopf so festgesetzt, dass sie sich nicht getraut hat, ihren Traum zu verwirklichen und Solo-Cellistin zu werden. Stattdessen wurde sie Orchestermusikerin.

Einer ihrer Brüder, der zunächst als Arzt im Krankenhaus arbeitete, brauchte zwei Jahrzehnte, bis er endlich eine eigene Praxis aufmachte. Seine innere Stimme sagte ihm stets dasselbe, was Marlies hörte: »Geh keine beruflichen Risiken ein. Sicherheit ist das allererste Gebot.«

Ein Mensch kommt nicht mit einer inneren Stimme zur Welt. Ein Neugeborenes nimmt als Erstes wahr, was es mit den Sinnen aufnehmen kann. Es denkt noch nicht. Es macht alles instinktiv.

Die innere Stimme bildet sich aus, sobald zwischen Kind und Eltern oder Bezugspersonen eine Kommunikation beginnt. Auch ein Kind, das noch nicht richtig sprechen kann, versteht, was ihm die Eltern sagen. Die liebevolle Zuwendung der Eltern stärkt das Vertrauen des Kindes – in die anderen, aber auch in sich selbst.

Wir verinnerlichen also das, was uns Eltern oder andere Bezugspersonen im Laufe unserer Kindheit für unser Leben mitgeben. Da wir als Kinder ganz und gar abhängig sind von der Liebe und der Zuwendung unserer Bezugspersonen, ist alles, was sie uns sagen, mitgeben und fühlen lassen, wahr für uns. Sie prägen unser Bild von uns selbst in einer unglaublich starken Art und Weise.

Die meisten von uns übernehmen – zumindest zum Teil – die Stimmen unserer Eltern, weil wir sie in der Kindheit permanent gehört haben. Und weil wir sie in jungen Jahren unreflektiert als Wahrheit übernommen haben, um uns im Leben zurechtzufinden.

*

Du erinnerst dich an Paul?

Sein Vater hatte ihn früher als Taugenichts bezeichnet. Dieses Urteil saß tief in Pauls Unterbewusstsein. Erst als er sich dessen bewusst wurde, dass seine innere Stimme von diesem Urteil bestimmt wurde, konnte Paul die negative Stimme zum Schweigen bringen. Erst dann war er in der Lage, sich von dem negativen Urteil zu befreien und zu erkennen, was er konnte, wozu er fähig war. Wir können also in anderen Worten sagen:

Selbstvertrauen ist das verinnerlichte Vertrauen, das andere Menschen in dich hatten, als du ein Kind warst.

*

Viele Menschen kämpfen als Erwachsene ständig mit einer primär negativen inneren Stimme. Sie haben noch nicht die *Bewusstheit* entwickelt, die nötig ist, um achtsam und aufmerksam wahrzunehmen, wer sie wirklich sind und wie sie leben möchten – unbeeinflusst von der Stimme, die aus der Kindheit zu ihnen spricht.

Das hat damit zu tun, dass viele Menschen in einem Umfeld aufgewachsen sind, in dem es keine *Bewusstheit* gab. Eltern, Bezugspersonen und Lehrer waren sich möglicherweise ihrer selbst nicht bewusst. Und zwar in dem Sinne nicht bewusst, dass ihnen nicht klar war, welche Wirkung negative Sätze und Urteile auf Kinder haben. Ihnen war nicht bewusst, dass sie ihr Kind nicht er-ZIEHEN, also permanent ZIEHEN dürfen, sondern dass ihre Rolle eine ganz andere ist:

- Eltern dürfen ihr Kind dabei unterstützen, sich selbst zu entwickeln.
- Sie dürfen es ermutigen, Freude und Zuversicht auszudrücken.
- Sie dürfen ihm den Freiraum geben, den es braucht, sich selbst zu entdecken und zu entwickeln – mit allem, was dazugehört.
- Sie dürfen es dabei begleiten, zu einem eigenständig denkenden Menschen voller Selbstvertrauen zu werden.

Und was beobachten wir stattdessen? Viele Eltern fahren im Alltag wegen Belanglosigkeiten aus der Haut, reagieren überzogen, gereizt und negativ. Diese Negativität überträgt sich bis zum siebten Lebensjahr unbewusst auf das Kind. Sie erzeugt permanent Stress im sympathischen Nervensystem des Kindes.

Wir kennen das. Was haben viele von uns in ihrer Kindheit erlebt? Tadel nach einem umgestürzten Wasserglas; Schimpftiraden, wenn wir mit einer schmutzigen Hose nach Hause gekommen sind; Ermahnungen, wenn wir vom Spielen fünf Minuten zu spät kamen; Zwangssitzenbleiben vor einem nicht leer gegessenen Teller; Fernsehverbot für eine schlechte Schulnote; genervtes Ausschimpfen, wenn wir im Stau während der Fahrt in den Urlaub Blödsinn gemacht haben.

Viele Menschen lassen sich von Kleinigkeiten und Unwichtigkeiten so aus der Ruhe bringen, dass ein Beobachter denken könnte, die Welt gehe gleich unter. Ihnen fehlt die *Bewusstheit* zu erkennen, dass ihre Reaktion unangemessen ist. Dass ihre Aufregung in keinem Verhältnis zu dem steht, was geschehen ist oder gerade passiert. Mit ihrem Verhalten programmieren sie vor allem in den ersten sieben Jahren das Unterbewusstsein und damit das Verhalten ihrer Kinder. Verhaltensweisen und Überzeugungen, die ganz tief im Unterbewusstsein verankert bleiben.

Ein Beispiel: Ein Kind stößt versehentlich ein Wasserglas vom Tisch. Es fällt, trifft klirrend auf die harte Stuhlkante, zerbricht, und Scherben und Flüssigkeit verteilen sich auf dem Teppich.

Ein Erwachsener ohne *Bewusstheit* mag ungehalten reagieren und wendet sich mit lauter Stimme an das Kind: »Verdammt noch mal! Kannst du nicht aufpassen? Was bist du für ein Tollpatsch?!« Oder: »Meine Güte, was machst du denn schon wieder? Das kannst du jetzt allein aufwischen.«

Solche Äußerungen erzeugen bei einem Kind sofort ein Schuldgefühl. Dabei richtet der negative Ton noch viel mehr an als die Worte selbst. Weil das mit ihnen verbundene negative, ablehnende Gefühl vom Kind unwillkürlich unbewusst gespeichert wird.

Ein Erwachsener, der über Bewusstheit verfügt, wird ganz anders reagieren:

Das Kind selbst wird in den meisten Fällen sein Missgeschick kommentieren, indem es etwa ausruft: »Oh, Mist!« Und nun kann sich etwa folgender Dialog zwischen Vater oder Mutter und Kind ergeben:

Der Erwachsene fragt ruhig und liebevoll: »Wieso Mist?«

»Ich habe das Glas kaputt gemacht.«

»Das ist dir doch versehentlich passiert, oder?«

»Ja, ich wollte das nicht.«

»Wir holen jetzt einfach ein Kehrblech und einen Lappen, nehmen die Scherben ganz vorsichtig auf und wischen das Wasser weg.«

»Einfach so?«
»Einfach so, und alles ist gut.«

*

Ja, für Eltern ist es nicht leicht, immer gelassen zu bleiben, vor allem dann, wenn sie beide berufstätig sind, wenn sie Sorgen oder besondere Verpflichtungen (pflegebedürftige Eltern) haben und sich selbst überfordert fühlen. Deswegen sind die eigenen Kinder auch das beste Trainingslager des Lebens. Mit *Bewusstheit* werden die Eltern erkennen, welch ungeheuer großen Einfluss ihr Verhalten auf das ihres Kindes hat. Eltern prägen das Unbewusste ihres Kindes für ein ganzes Leben lang. Das können sie sich am eigenen Beispiel mit *Bewusstheit* klarmachen. Wenn auch du Kinder hast, wird dir dieses Buch dabei helfen, das zu erkennen. Es wird dir helfen, deine innere Balance zu finden und deinem Kind ein verlässlicher, liebevoller Begleiter auf dem Weg ins Erwachsenenleben zu sein.

Lass geschehen, was du nicht steuern kannst!

Warum reagieren viele Eltern ungehalten und schimpfen mit ihren Kindern?

Die Antwort lautet: Sie haben bestimmte Vorstellungen, wie das Leben zu laufen hat, wie der Alltag ablaufen soll, und diese Erwartungen werden nicht erfüllt. Das ist auch das einzige Problem:

Menschen wollen die Welt und ihr Leben beherrschen, damit sie sich nicht ihren Ängsten stellen müssen. Denn wenn etwas geschieht, mit dem sie nicht gerechnet haben, gerät ihre Welt aus den Fugen, sie wird unsicher. Das erzeugt Ängste und schafft Leiden. Wir leiden, wenn das Leben nicht so läuft, wie wir es uns vorstellen.

Erlange die BEWUSSTHEIT zu erkennen:

Eltern verlieren ihre Ruhe nicht ihres Kindes wegen. Sondern weil sie ihre Erwartungen nicht erfüllt sehen. Das Kind soll so funktionieren und sich so verhalten, wie es ihren Vorstellungen entspricht.

Nicht das umgefallene Glas ist das Problem. Nicht die verdreckte Hose ist das Problem. Nicht der noch halb volle Teller ist das Problem. Das Problem sind die unerfüllten Erwartungen.

Wenn du ein Kind bekommst oder schon Mutter oder Vater bist, sollte dir das bewusst sein. Kinder lernen ihre Welt kennen und werden groß, indem sie alles selbst ausprobieren.

Jede Erfahrung macht sie reicher. Jede Erfahrung schenkt ihnen mehr *Bewusstheit* und lässt sie in jeder Hinsicht wachsen. Du kannst sie als Elternteil nur liebevoll begleiten, aber du kannst ihnen die eigenen Erfahrungen nicht abnehmen. Die Weisheit »Kleine Kinder machen kleine Sorgen, große Kinder machen große Sorgen« kommt nicht von ungefähr.

Neulich habe ich von Eltern aus dem Bekanntenkreis gehört, die ihrer siebzehnjährigen Tochter und deren Freundin verbieten wollten, mit einem Tandem-Fahrrad auf eigene Faust die Welt zu erkunden. An dem Tag, als die Tochter achtzehn war, ist sie mit ihrer Freundin gestartet. Die Eltern haben die Luft angehalten, ihnen blieb nichts anderes übrig, als die Tochter zu bitten, ihnen wenigstens regelmäßig Nachrichten zukommen zu lassen.

Die beiden Mädchen haben ihre Weltreise gemacht, viele Abenteuer erlebt und sind stolz und mit starkem Selbstbewusstsein heil wieder zu Hause angekommen.

Die Eltern hatten ihren Kindern glücklicherweise bis zu deren achtzehntem Lebensjahr so viel Gutes mitgegeben auf deren Weg, dass das Abenteuer ihrer Töchter gut verlaufen ist. Die Töchter haben in den vielen problematischen Situationen, die es auf der Weltreise mit dem

Tandem durchaus gab, selbstbewusst gehandelt. Sie haben auf ihre innere Stimme gehört, die ihnen sagte, dass alles gut gehen würde, dass sie es schaffen würden, auch diese Situation zu meistern. Und sie waren sich gegenseitig eine Hilfe und haben erfahren, was es heißt, sich zu unterstützen. Sie haben Verbundenheit nicht nur untereinander, sondern auch mit den Menschen auf allen Kontinenten erfahren. Die liebevolle und unterstützende Begleitung ihrer Eltern in ihrer Kindheit und Jugend hat den beiden jungen Frauen dazu verholfen, mit dieser Reise den besten Grundstein für ihr Selbstbewusstsein, ihre Zuversicht und positive Lebenshaltung zu entwickeln. Auch wenn die Eltern Angst um die beiden hatten, weil sie sie noch für zu jung hielten, wurde ihnen schnell klar, dass sie dem vertrauen konnten, was sie ihren Kindern mit auf den Weg gegeben hatten. Sie mussten sich von den Jugendlichen verabschieden und haben nach einem Jahr erwachsene, selbstbewusste Töchter stolz und freudig begrüßt.

Manchmal reicht die Äußerung einer für uns wichtigen Bezugsperson, um eine innere Stimme auszubilden, die uns über Jahrzehnte zu unserem Nachteil begleitet. Auch ich selbst habe das erfahren:

> In der ersten Klasse hatte ich Herrn Dutz als Lehrer. Schnell wurde er mein Lieblingslehrer. Und Herr Dutz mochte mich zum Glück auch. Das war gut und wichtig, denn ich wurde zu früh eingeschult. Zwar war ich für mein Alter körperlich schon so groß, dass meine Kindergärtnerin riet, mich in die Schule zu schicken. Doch mental und emotional war ich damals noch nicht schulreif, was nicht erkannt wurde.
> Entsprechend »schwiwirig« war es für mich, mich im Schulalltag zurechtzufinden und zu integrieren. Jede Woche musste meine Mutter zum Elterngespräch erscheinen, um mit Herrn Dutz zu besprechen, ob ich in der Schule bleiben durfte oder ob ich zurück in den Kindergarten musste. Natürlich bekam

ich die Zweifel meiner Mutter (unbewusst) mit, was nicht gut für mein Selbstvertrauen war. Glücklicherweise hatte ich aber mit Herrn Dutz einen tollen, sehr empathischen Lehrer. Und noch etwas machte mich glücklich:

Neben mir saß Sabine, ein bildhübsches Mädchen. Ich verliebte mich in sie. Sie hatte so schöne blonde Haare und war immer so freundlich. Sie half mir jeden Tag mit den Hausaufgaben.

Nach ein paar Wochen beschloss ich pochenden Herzens, Sabine zu fragen, ob sie mit mir »gehen wolle«. Dafür schien mir die große Pause am geeignetsten. Ich ging zu unserem Hausmeister, der in der Pause Getränke verkaufte, und erwarb einen Tetrapak-Kaba gegen den Durst. Damit machte ich mich nervös auf die Suche nach Sabine.

Sie stand im Schatten hinter einem der Bäume auf unserem Schulhof. Das war eine gute Gelegenheit. Jetzt war der große Moment gekommen. Ich nahm all meinen Mut zusammen, ging mit weichen Knien auf Sabine zu und fragte sie:

»Willst du mit mir gehen?«

Sabine schaute mich ungerührt an und sagte einfach nur: »Nein!«

Ich war fassungslos. Tränen schossen mir in die Augen. Wie konnte sie nur! Das war gemein. Ich war emotional mit dieser unerwarteten Situation vollkommen überfordert und wusste mir nicht zu helfen. Meine Hände krampften sich um den Getränkekarton. Und dann richtete ich den Strohhalm auf Sabine und presste mit beiden Händen fest und schnell die Verpackung zusammen. Der Kaba schoss in einem herrlichen Strahl direkt auf Sabines weißen Pullover.

Sabine kreischte entsetzt, fing an zu weinen und rannte davon. Nun schrie ich laut, und die Tränen der Enttäuschung und Wut liefen über mein Gesicht. Ich rannte frustriert ins Klassenzimmer.

In diesem Moment ertönte die Schulglocke, die das Ende der Pause verkündete. Ich setzte mich weinend auf meinen Stuhl.

Nach einer gefühlten Ewigkeit betrat Sabine mit immer noch feuchten Augen den Raum. Sie ging zu ihrem Platz neben mir und wollte sich gerade hinsetzen, als ich plötzlich dachte: »Dieses ›Nein‹ wirst du mir büßen«, und zog ihr den Stuhl weg. Mit voller Wucht krachte Sabine mit ihrem Hintern auf den Boden, und gleichzeitig schleuderte ihr Hinterkopf auf die Stuhlkante. Sie begann sofort laut zu brüllen. Und dieses Schreien erschütterte mich so sehr, dass ich ebenfalls in ein lautes Heulen ausbrach. Eine Sekunde später stand die ganze Klasse aufgebracht um uns beide herum.

Just in diesem Moment betrat Herr Dutz das Klassenzimmer. Mit einem lauten »Was ist denn hier los?« versuchte er sich einen Überblick über die Situation zu verschaffen.

»Der Christian hat der Sabine den Stuhl weggezogen«, schrie die Klasse unisono. Damit stand ich als Täter fest. Doch in der Welt des emotional unreifen und völlig überforderten Christians stellte sich die Realität ganz anders dar: Sabine hatte meinen Liebesantrag abgelehnt. Wie konnte sie nur?

Gerade als ich den Mund öffnen wollte, um mich zu erklären, sprudelte es aus Herrn Dutz heraus:

»Christian, du bist asozial und böse!«

Asozial und böse? Diese Worte brannten sich in dem Moment wie ein heißes Eisen in mein Bewusstsein ein. Ich war sprachlos!

Mein Lieblingslehrer hatte mich als asozial und böse bezeichnet. Tagelang, wochenlang, ja monatelang hallte es immer wieder in meinem Kopf: »Du bist asozial und böse.« Während die Bilder dieses Vorfalls in meinem Gedankenkino genau so abliefen, als würde das Ganze gerade wieder passieren, hörte ich immer wieder die Aussage meines Lieblingslehrers, der mich als asozial und böse bezeichnete.

Unmerklich wurde der Satz »Du bist asozial und böse« mit jedem Wiedererleben ein Teil meiner inneren Stimme.

Bis ins Erwachsenenalter trug ich diesen Satz »Du bist asozial und böse« als Teil meiner inneren Stimme mit mir herum. Natürlich hatte ich als Jugendlicher jede Menge Blödsinn gemacht. Ich musste ja »meine Wahrheit« leben und allen zeigen, dass ich asozial und böse war.

Erst mit 25 Jahren erkannte ich, dass diese Stimme nicht *meine* Stimme war, sondern die Stimme von Herrn Dutz. Endlich konnte ich dieses Urteil für immer ins Nirwana verabschieden.

*

Die Beispiele von Marlies, die Solo-Cellistin werden wollte, von Paul, der endlich das Urteil seines Vaters, er sei ein Taugenichts, überwinden konnte, von den beiden Teenagern, die gegen den Willen ihrer Eltern mit dem Tandem um die Welt reisten, und schließlich das Beispiel von mir selbst als verliebter Erstklässler, dem ausgerechnet sein Lieblingslehrer einimpfte, er sei asozial und böse, zeigen, wie sehr uns Erwachsene, vor allem Bezugspersonen, prägen können. Sie zeigen, wie tief einzelne Sätze und Urteile in das Unbewusste des Kindes einsickern und dort lebenslang wirken können. Es sei denn, wir kommen ihnen auf die Spur und ersetzen diese Gedanken durch positive Urteile über uns selbst.

Bevor wir aber unsere Eltern oder andere Bezugspersonen dafür verantwortlich machen, dass sie unser Unterbewusstes negativ geprägt haben, sollten wir verstehen, warum das so war. Verzeihen und versöhnen ist wichtig, denn sie haben es nicht absichtlich gemacht. Es gibt nur wenige Eltern, die ihre Kinder nicht lieben oder nicht lieben können.

Die missverstandene Elternrolle

Eltern und Bezugspersonen, die ihre Kinder nicht begleiten, sondern er-ZIEHEN, haben einfach selbst nicht die notwendige *Bewusstheit* entwickelt, um ihre Aufgabe zu verstehen. Kinder sind nicht ihr Eigentum, sondern von Anfang an eigenständige Wesen. Kinder sind genauso Gäste auf dieser Welt wie wir Erwachsene auch, und wir dürfen sie auf ihrem Weg ins Erwachsensein begleiten. Ja, Kinder brauchen durchaus Grenzen, aber keine Bestrafungen, sondern Erklärungen und Verständnis.

Viele Eltern handeln aber anders, sie missverstehen ihren Auftrag:

- Sie denken von Anfang an für das Kind und übertragen unbewusst ihr eigenes Lebensmodell auf das ihres Kindes.
- Sie halten ihr Kind von jeder möglichen und unmöglichen Gefahr fern, sodass es kein Gefühl für echte Gefahren entwickeln kann.
- Bei jeder Prüfung sind sie nervöser als ihr Nachwuchs und pflanzen ihm damit allmählich selbst Versagensängste ein.
- Sie fragen hundertmal nach, ob das Kind auch warm angezogen ist.
- Sie haben Angst, dass es in schlechte Gesellschaft geraten könnte oder schlechte Lehrer bekommt.
- Sie kritisieren es für jeden Fehler ... und vieles andere mehr.

Vermutlich kommt dir einiges aus deiner eigenen Kindheit bekannt vor, oder du beobachtest ein solches Verhalten bei anderen. Die vermeintliche Fürsorge der Eltern entmündigt die Kinder und nimmt ihnen die Möglichkeit, ihre eigenen Erfahrungen zu machen und ein freier, selbstbewusster Mensch zu werden.

Diese Stimmen, die du als Kind am meisten gehört hast, haben sich mit der Zeit unbewusst zu deiner eigenen INNEREN STIMME vereinigt.

Solange ein (junger) Mensch sich seiner selbst unbewusst ist, also noch keine BEWUSSTHEIT besitzt, erkennt er nicht, dass die Gedanken anderer Menschen nur Gedanken sind. Gedanken müssen aber keine Wahrheiten sein. Dass der junge Mensch diese Gedanken jederzeit bewusst ablehnen kann und seine eigene Meinung bilden kann, setzt voraus, dass ihm früh ermöglicht wurde, selbst BEWUSSTHEIT zu entwickeln.

Und oft werden aus solchen Kindern dann Erwachsene ohne BEWUSSTHEIT, die übernommen haben, was ihnen jahrelang eingetrichtert wurde. Und selbst dann, wenn sie sich später von den Eltern abgegrenzt haben, folgen sie anderen, die ihnen Gedanken als Wahrheiten verkaufen. Wer nie BEWUSSTHEIT erlangt hat, dem fehlt die Basis für ein selbstbestimmtes Leben. Der kann nicht die Schlüsselfragen »Wer will ich sein?« und »Wie will ich sein?« beantworten und deshalb auch kein erfolgreiches, zufriedenes Leben führen und keine Glücksmomente erleben.

Stell es dir bildlich vor:
Was immer du auch tust, deine innere Stimme spricht unaufhörlich zu dir, es ist ein lautloser Gedankenstrom, der nie abreißt. Die innere Stimme beeinflusst und kommentiert ALLES, was du gemacht hast, was du machst und machen wirst. Sie deutet und interpretiert unaufhörlich, was gut oder schlecht, was dumm oder klug, was falsch oder richtig war und ist, was du hervorragend gemacht hast und wo du versagt hast.

Wenn ein Mensch zum ersten Mal in seinem Leben die *BEWUSSTHEIT* über die Wirkung dieses inneren Prozesses erlangt, wird ihm unmissverständlich klar, dass sein Selbstvertrauen das verinnerlichte Vertrauen ist, das andere Menschen bis zum heutigen Tag in ihn setzen.
Selbstvertrauen ist also das verinnerlichte Vertrauen, das andere in dich (gesetzt) haben.
Unsere innere Stimme ist fast immer eine Mischung aus einflussreichen Stimmen, die wir in der Kindheit und Jugend gehört und verinnerlicht haben.
Wenn wir erwachsen sind, hängt unser Erfolg und unser Lebensglück davon ab, wie wir mit dieser inneren Stimme umgehen.

Lass uns nun nach all diesen Beispielen und Erkenntnissen dazu kommen, wie du deine innere Stimme so verändern kannst, dass dein Leben sich ab sofort zum Positiven hin verändert.

Dein Weg zur positiven inneren Stimme

Lass uns an dieser Stelle Bilanz ziehen, wie weit wir auf deiner Reise zu einem erfolgreichen Leben schon gekommen sind:

Mit *Bewusstheit* hast du die Schlüsselfragen beantwortet: »Wer möchte ich wirklich sein? Wie möchte ich wirklich sein?« Deine Antworten zeigen dir den weiteren Lebensweg, den du erleben möchtest. Das geht nicht immer schnell und sprunghaft, manchmal brauchst du etwas länger, aber du blickst nach vorne.

Du weißt, dass das Vergangene, das, was hinter dir liegt, uninteressant ist, weil du es nicht ändern kannst. Und du weißt, dass nur das, was gegenwärtig ist, und das, was morgen sein wird, von dir allein gesteuert wird.

Du hast den Prozess verstanden, dass dein ideales Ich zuerst in deiner Vorstellungskraft durch Imaginationen real werden darf, bevor es in deinem wirklichen Leben durch *dein Handeln* zu deiner Wahrheit werden kann.

Du hast begriffen, dass der positive Magnetismus stets wirksam ist: Du weißt also, dass du mit positiver Ausstrahlung, mit Freundlichkeit und Achtsamkeit, mit Fürsorglichkeit für dich selbst und andere das Positive anziehst.

Dass dich auf deinem Weg deine innere Stimme leiten wird, dich ermutigen soll, dir Zuversicht geben soll, dich bestärken soll, das ist dir deutlich bewusst geworden. Denn:

- Du brauchst Selbstvertrauen, um zu handeln.
- Du brauchst Selbstvertrauen, um auf dem Weg zu deinem persönlichen Erfolg durchzuhalten.

- Du brauchst Selbstvertrauen, um Rückschläge hinnehmen zu können. Du brauchst Selbstvertrauen, um schwierige Zeiten zu überstehen.

Wie machst du das?
Du arbeitest drei Punkte ab, und zwar in dieser Reihenfolge:

- Beobachte und finde heraus, welche Aussagen deine innere Stimme ständig wiederholt.
- Achte darauf, was diese Aussagen emotional in dir auslösen und ob diese Gefühle hilfreich für dein Leben sind.
- Aussagen, die nicht hilfreich für dich sind, ersetzt du durch positive, hilfreiche Botschaften und Gedanken.

Wenn du dir diese Schritte immer wieder bewusst machst, sollte dir Folgendes immer bewusst und präsent sein. Am besten schreibst du es auf ein Blatt, das du irgendwo aufhängst und dir jeden Tag durchliest. Wie wäre es, wenn es neben dem Spiegel im Badezimmer hinge und du es schon morgens nach dem Aufstehen sehen könntest?

Deine innere Stimme kann unterscheiden zwischen dem, was du tust, deinen Leistungen, und dem, wer du bist, deiner Person.
Deine innere Stimme erinnert dich stets und unaufhörlich daran, dass du dich selbst magst und liebst und Liebe auch verdienst, auch wenn du etwas tust, das nicht klappt oder nicht gut ist. Die Liebe und Zuneigung zu dir selbst sind völlig unabhängig davon, was du erreichst oder nicht erreichst, was dir gelingt oder nicht gelingt.

Deine innere Stimme hat die Größe und Souveränität, dir nach einer Niederlage zu sagen: »Es ist alles gut. Ich mag dich, und das nächste Mal machst du es einfach besser.«

Deine innere Stimme erinnert dich immer wieder daran, dass Erfolg, Ruhm und Anerkennung wunderbar sind, aber dass sie nur das Sahnehäubchen für deine wunderbare Persönlichkeit sind. Denn deine Persönlichkeit hängt nicht von diesem Sahnehäubchen ab. Sie ist stark und unabhängig. Sie achtet auf dich, sie ist fürsorglich, sie passt auf, dass du zur Ruhe kommst und in einer guten Balance bleibst.

Deine neue innere Stimme stellst du dir vor als sanfte, liebevolle, ermutigende Person. Das kann ein Mensch sein, den du kennst und der dich liebt. Es kann aber auch eine fiktive Person sein, die du dir vorstellst und in dein Herz schließt. Dieser Mensch gibt dir jeden Tag aufbauende Botschaften, zum Beispiel:

- Ich liebe dich über alles.
- Ich liebe dich so, wie du bist – mit deinen Stärken und Schwächen.
- Du darfst sein, wie du wirklich bist, du darfst ehrlich zu dir selbst sein.
- Ich erkenne das Geschenk Leben. Und das Geschenk, das ich für andere Menschen bin – was ich ihnen geben kann.
- Ich akzeptiere das, was du machst und tust.
- Ich verzeihe dir jede Schwäche und jeden Fehler, denn du wirst daraus lernen.
- Ich bin dein Freund und halte in jeder Situation stets zu dir, ich lasse dich nie allein.
- Du bist ein einzigartiger und wertvoller Mensch, den es so noch nie auf der Erde gegeben hat und den es so niemals mehr geben wird.

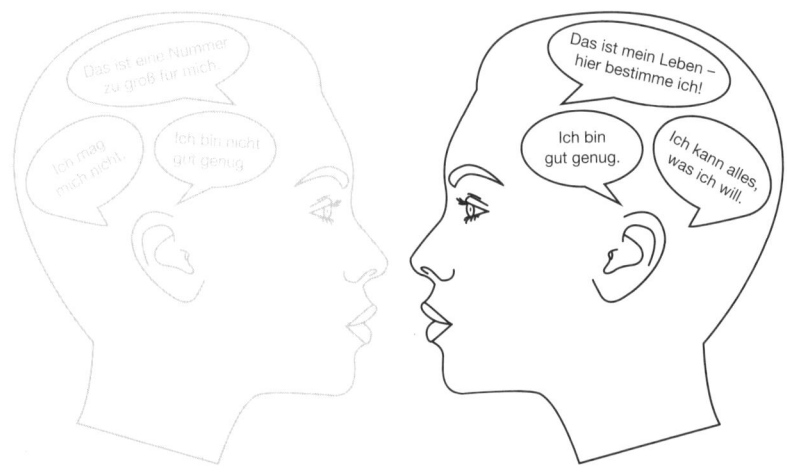

So spricht deine innere Stimme zu dir. Und nun schauen wir uns deine innere Stimme aus deiner Perspektive, aus deinem Blickwinkel an. Du siehst in deiner inneren Stimme einen Freund …

- der immer an deiner Seite ist und immer an das Beste in dir glaubt;
- der dich so akzeptiert, wie du bist;
- der dich immer wieder liebevoll daran erinnert, mit Bewusstheit durchs Leben zu gehen;
- der zwar manchmal scheitert, doch in solchen Situationen immer die Chance sucht und zuversichtlich weitermacht;
- der klug und weise ist;
- der schon viele schwierige Lebensphasen durchgemacht hat, sich aber nie frustrieren und aufhalten ließ;
- der dich, auch wenn du alt und krank bist, nie im Stich lassen wird;
- der viele Erfahrungen in allen Lebensbereichen vorzeigen kann;
- der sich für Entscheidungen die notwendige Zeit lässt;
- der voller Verständnis und Liebe ist;
- der immer ein offenes Ohr für dich hat;

- der dich immer wieder sanft drängt, deine Ziele nicht aus den Augen zu verlieren;
- der dir immer wieder zuflüstert, dass es sich lohnt, sich anzustrengen, um die selbst gesetzten Ziele zu erreichen.

Es ist deine BEWUSSTE Entscheidung, diese innere Stimme für dich selbst zu entwickeln. Und zwar so, dass sie dir genau das sagt, was du hören möchtest und was du persönlich an Unterstützung von ihr brauchst, um das friedliche, erfolgreiche Leben mit möglichst vielen Glücksmomenten zu erleben, das du führen möchtest.

Du hast nun viele Vorschläge dafür bekommen, wie deine innere Stimme zu dir sprechen könnte. Doch schaue nun bitte mit *Bewusstheit* dein individuelles Leben an: das, was du bisher erreicht hast, das, was du jetzt tust, und das, was du werden willst und wie du sein willst. Dann werden dir vielleicht noch weitere Sätze einfallen, die diese innere Stimme, die unverwechselbar deine eigene Fanhymne ist, sagen sollte, um dich zu unterstützen. Denn jeder Mensch ist einmalig und anders: Der eine ist manchmal zu temperamentvoll und braucht jemanden, der dann beruhigend auf ihn einredet und ihn davon abhält, sich um Kopf und Kragen zu reden. Der andere aber braucht genau die gegenteilige Hilfe, weil er zu schüchtern, zu ängstlich ist. Er braucht jemanden, der ihn ermutigt. Und es gibt auch Menschen, die nach einem Schicksalsschlag eine innere Stimme brauchen, die sie dabei begleitet, die Trauer zu überwinden, und wieder andere, die sich im Job verausgaben und eine innere Stimme brauchen, die sie daran erinnert, auf sich selbst zu achten.

*

Du siehst also, deine erste große Aufgabe ist es, deine neue innere Stimme zu entwerfen und sie zu deinem größten Verbündeten, zu deinem treusten Fan zu machen.

Als Nächstes darfst du deine NEUE innere Stimme trainieren. Du darfst sie in dein Unbewusstes einprogrammieren. Deine alte, negative Stimme hast du mundtot gemacht. Sollte sie sich irgendwann noch einmal melden, wird deine NEUE innere Stimme sie sofort zum Schweigen bringen.

Trainiere die Sätze deiner NEUEN inneren Stimme täglich und ausdauernd. Du hast sie alle notiert. Lies sie dir selbst laut vor – anfangs am besten mehrmals am Tag. Sprich sie dir aufs Handy und höre dir die Message mehrmals am Tag bewusst an. Das machst du so lange, bis diese Sätze sich in deinem Unterbewusstsein verankert haben. Bis diese Sätze dir so vertraut sind, dass du sie als deine Gedanken, die dich ganz und gar durchdrungen haben, angenommen hast. Wenn dich jemand mitten in der Nacht wecken würde, könntest du diese innere Stimme sofort zitieren – jetzt hast du sie vollkommen verinnerlicht. Dir geht es immer besser, wenn du sie aussprichst, du liebst sie und willst ohne diese unterstützende Stimme in deinem Kopf gar nicht mehr sein. Sie hat deine ehemals negative innere Stimme so verdrängt, dass du dich irgendwann kaum noch an sie erinnern kannst oder über sie schmunzeln musst, weil du nun fühlst, was für einen Blödsinn sie dir jahrelang eingeredet hat.

Ja, das braucht etwas Zeit!
   Ja, das braucht etwas Übung!
   Ja, das geht nicht von heute auf morgen!
   Doch nach diesem Training wartet ein unfassbar großes Selbstvertrauen auf dich. Und mit diesem Selbstvertrauen entwickelst du ungeahnte Kräfte, unfassbar viel Tatendrang und Energie. Du wirst auf deinem individuellen Weg, deiner Erfolgstreppe leichtfüßig nach oben klettern. Du wirst morgens fröhlich und zuversichtlich in den Tag gehen und wissen, dass du schaffst, was du dir vorgenommen hast.

Ich kann es dir aus meiner Erfahrung bestätigen. Als ich fünfundzwanzig war, hatte ich ein sehr geringes Selbstvertrauen. Als ich *Bewusstheit* erlangt habe und damit die Schlüsselfragen für mich beantwortet hatte, wer ich sein will und wie ich sein will, ist es mit jeder Stufe, die ich auf meiner Erfolgstreppe genommen habe, kontinuierlich gewachsen. Heute ist es sehr hoch, ein beglückendes Gefühl!

Jeder Schritt meiner eigenen Reise war unglaublich viel wert. Denn ich spürte sehr stark, dass ich auf dem richtigen Weg war.

Selbstvertrauen und die innere Stärke, die es bewirkt, sind das größte Geschenk, das du dir selbst machen kannst.

Unser Kopf ist wie eine riesige Halle mit vielen Räumen, in denen die Stimmen all jener widerhallen, die in unserem Leben Einfluss auf uns hatten. Lerne, die schädlichen Anteile deiner inneren Stimmen zum Schweigen zu bringen und dich auf diejenigen zu konzentrieren, die dich positiv unterstützen und die dir Mut und Kraft in herausfordernden Situationen geben.

Wenn du *Bewusstheit* erlangt hast, wird dir unmissverständlich klar, wie viele Jahre du dir deine innere Stimme unbewusst von außen hast prägen lassen. Und damit wird dir bewusst, dass es Arbeit ist, die Kontrolle über diese innere Stimme zurückzubekommen.

Wenn sich ein Dreißigjähriger diesen Prozess zum ersten Mal bewusst macht, hat er etwa fünfundzwanzig Jahre lang seine innere Stimme programmieren lassen. (Das Selbstbewusstsein und Selbstwertgefühl bildet sich bei Kindern bis zum fünften oder sechsten Lebensjahr aus.) Es ist klar, dass du viel mehr als einen Tag absoluter Konzentration brauchst, um dir eine NEUE innere Stimme aufzubauen. Und es ist klar, dass du dann ein intensives tägliches Training brauchst, um sie so im Unterbewusstsein zu verankern, dass sie in deinem Alltag wirksam wird.

*

Erwarte bitte nicht, dass du – selbst nach intensivem Training deiner NEUEN inneren Stimme – nie mehr negative Gedanken haben wirst. Stell es dir vielmehr so vor, dass du die negative Stimme in deinem Kopf in eine kleine Ecke im Hinterstübchen gedrängt hast und mit einer schweren Tür gut verschlossen hast. Die NEUE Stimme steht als Wächter vor dieser Tür. Und wenn sich hin und wieder die negative Stimme starkmacht und so laut wird, dass sie zu dir durchdringt, wird die positive NEUE Stimme sie in die Schranken weisen.

Diese positive innere Stimme ist so entscheidend, dass wir sie jetzt gemeinsam aufbauen. Denn mit einer BEWUSST gewählten NEUEN inneren Stimme kannst du sprichwörtlich sofort in ein neues Leben aufbrechen.

Eine neue innere Stimme gibt dir Selbstvertrauen, Stärke und den Mut, an dich und deine Projekte zu glauben. Sie befreit dich von Selbstzweifeln, Ängsten, Minderwertigkeitsgefühlen und vielem mehr.

VIDEO – Deine neue innere Stimme trainieren

Wir legen wieder eine Lesepause ein, um uns näher mit dem Thema "Innere Stimme" zu beschäftigen. Unter

christian-bischoff.com/bewusstheit

zeige ich dir in einem Video, wie du diese neue, bestärkende innere Stimme aufbaust und trainierst. Wie sie dich jeden Tag weiter nach vorn bringt und dir ein positives Gefühl vermittelt.

Nimm dir bitte Zeit für dieses Video – es ist ein absoluter Game Changer!

Ich freue mich, dich gleich im Video zu »sehen«.

ÜBUNG – Selbstvertrauen: Deine innere Stimme trainieren

> Nachdem du dir das Video in aller Ruhe angeschaut hast, mach bitte die dazugehörigen Reflexionsübungen, **bevor** du das Buch weiterliest. Du findest sie unter:
>
> **christian-bischoff.com/bewusstheit**
>
> Viel Spaß und Erfolg dabei!

9

Erfüllt sein, Glücksmomente erleben – egal, was passiert

Du weißt, dass es illusorisch ist, zu glauben, das Leben könne so verlaufen, wie wir es uns wünschen: gut und immer besser, je mehr wir für unser Glück tun. Du hast begriffen, dass es zwecklos ist, sich vor Niederlagen und Schicksalsschlägen schützen zu wollen. Das Leben ist, wie es ist.

Auf jeden von uns, ganz egal ob reich oder arm, ob jung oder alt, weise oder dumm, warten Prüfungen, kleine und große, überraschende und vorhersehbare.

Und nun kommt das Wichtige, das Ermutigende:

Du hast ein tiefes Verständnis dafür entwickelt, dass wir Menschen positive Gefühle nur empfinden können, wenn wir negative Gefühle kennengelernt und durchlitten haben. Du erinnerst dich: Vor der weißen Wand kannst du das Licht nicht sehen.
Die Lebensreise ist eine spannende, abwechslungsreiche Entdeckungsreise zu dir selbst.

Der große Psychoanalytiker Carl Gustav Jung, den du zu Beginn dieses Buches kennengelernt hast, hat sinngemäß genau dies gesagt: Von der Wiege bis zu deinem Sterbebett befindest du dich auf einer Reise – auf einer Reise zu dir selbst.
Warum zu dir selbst?

Alles, was du in deinem Leben erfährst und durchlebst, prägt dich beziehungsweise dein Unterbewusstsein. Du kannst natürlich nicht alles in deinem Bewusstsein bewahren, sondern vieles sinkt hinab in dein Unterbewusstsein, wenn du es erfahren hast. Dort formt sich ja auch deine innere Stimme, je nachdem, was du in jungen Jahren erlebt hast.

In diesem Unterbewusstsein werden aber nicht nur Erlebnisse abgespeichert, seien es gute oder schlechte, sondern dort schlummern auch deine Begabungen und Talente, die du entdecken und entfalten kannst. Talente, die du dort oft gar nicht vermutest. Talente und Begabungen, die nicht sichtbar vererbt sind: Aus einer Familie, in der es nie einen Musiker gab, kann durchaus ein großer Dirigent hervorgehen.

Und du erinnerst dich: Ich habe dir erzählt, dass ich der erste erfolgreiche Unternehmer in meiner Familie bin. Ich habe mein Talent dafür entdeckt, als ich am Grab meines Vaters den Entschluss gefasst habe, erfolgreicher Unternehmer zu werden. Lies meine Geschichte weiter oben gern noch einmal.

Was C. G. Jung sagte, bedeutet: Dein Lebensweg ist ein Entwicklungsprozess, in dem du mit *Bewusstheit* auf die Entdeckungsreise zu dir selbst gehst. Er nannte diese Reise »Heldenreise« in Anlehnung an die antiken Epen, etwa die Reise von Odysseus, der viele Prüfungen überstehen musste, bevor er nach Hause zurückkehren konnte.

Auf deiner Lebensreise machst du also unterschiedliche Erfahrungen und überstehst viele Prüfungen, erlebst Rückschläge, in denen du jedes Mal die Chance suchst, von der wir oben gesprochen haben. Und mit jeder Erfahrung, jeder Chance, die du ergreifst und die dich weiterbringt, lernst du dein Innerstes besser kennen, erfährst ganz viel über dich selbst. Mit *Bewusstheit* kannst du die Tür zu deinem Unterbewusstsein aufschließen und erkennen, was du wirklich möchtest, *wer* du sein willst, *wie* du sein willst. Mit *Bewusstheit* kannst du deine negative Stimme wahrnehmen und durch eine neue, positive Stimme ersetzen, die dir die Kraft und das Selbstbewusstsein für deinen weiteren Lebensweg spendet.

Und genau diese Erkenntnis deiner selbst, dieses Kennenlernen deiner tiefsten Wünsche, Träume, Begabungen lässt dich – zusammen mit den Prüfungen, die auf dich warten – zum reifen, weisen und zufriedenen Menschen werden, der viele Glücksmomente erleben wird.

C. G. Jung spricht sogar davon, dass du an einem Punkt deines Lebens einen symbolischen Tod sterben musst, um als neuer Mensch wiederaufzuerstehen und weise zu werden. Dieser symbolische Tod ist natürlich bildhaft gemeint. Wenn ich an mein eigenes Leben denke, dann habe ich zwei solcher Wiederauferstehungsmomente erlebt, einmal am Grab meines Vaters, als ich beschlossen habe, erfolgreicher Unternehmer zu werden, und das zweite Mal, als ich nach meinem Rausschmiss als Basketballtrainer nicht aufgegeben habe, sondern mich gefragt habe, WER ich wirklich sein will.

Und du?

Es gibt auch bei dir Zeiten, in denen alles rundzulaufen scheint, und es gibt Entwicklungs- und Lernzeiten. Es gibt Erfolge für dich, und es gibt Rückschläge. Wichtig ist nur, dass du jeweils die Chance erkennst und ergreifst, dass dir bewusst ist, was du lernen darfst aus einer Niederlage.

Im letzten Jahr erreichte mich die Nachricht eines Herrn, die ich hier sinngemäß wiedergebe:

> »Christian, ich bekomme keinen Zugang mehr zu meiner Lebensenergie und meinem Glück. Meine Partnerin, mit der ich fast zehn Jahre zusammen war, hat mich hinter meinem Rücken betrogen und ein neues Leben mit einem neuen Mann und meiner zweieinhalbjährigen Tochter angefangen.

Ich habe von ihr keine Antworten und Erklärungen bekommen, egal, was ich versucht habe oder sie gefragt habe. Es ist mir nicht gelungen, unsere Familie zusammenzuhalten. Und ich liebe meine Tochter über alles auf dieser Welt, sie ist mein Ein und Alles und das schönste Geschenk, das ich in meinem Leben bekommen habe. Sie schenkt mir Kraft und Liebe zum Weiterleben. Ich möchte für sie der beste Vater sein und sie so lange, wie ich lebe, auf dieser Welt positiv begleiten.

Ich habe in den letzten acht Monaten durch diese Situation einen richtigen Schicksalsschlag erleben dürfen. Ich habe ein komplett neues Leben alleine angefangen. Und ich kämpfe mich Tag für Tag nach oben irgendwie wieder durch. Es gibt jedoch immer wieder Situationen, die mir komplett die Energie und Lebensfreude rauben und mich an den Boden drücken, da ich irgendwie nicht abschließen kann mit der ganzen Situation und mich immer wieder mal provozieren lasse von ihr. Was soll ich tun?«

Eine Trennung ist für sehr viele Menschen eine der schwierigsten Prüfungen im Leben. Vor allem, wenn Kinder im Spiel sind.

Da stellt sich schnell die Frage: Wie bleibe ich zufrieden und fähig, Glück zu erleben, egal, was passiert? Ist das überhaupt möglich?

Vorweg ein paar Gedanken zur Situation betroffener Kinder:
Es ist ganz wichtig, dass die sich trennenden Eltern die innere Reife und Weitsicht entwickeln, ihre Kinder nicht zu instrumentalisieren. Kinder als Druckmittel einzusetzen ist das Schlimmste, was Eltern ihren Kindern antun können. Wer sein Kind liebt, respektiert es als eigenständige Persönlichkeit und gesteht ihm seine Freiheit zu.

In diesem Fall darf der Vater lernen, seine Tochter Kind sein zu lassen, egal, wie groß sein Schmerz ist. Er darf sich als Vater weiterhin als Begleiter der Tochter sehen, ihr unendlich viel Liebe schenken, und zwar absolut ohne jede Bedingung! Niemals darf er der Tochter das Gefühl geben, sie müsse seinen Mangel – den Verlust der Familie, den Verlust, der Tochter täglich nahe sein zu können – kompensieren.

Dieser Vater schrieb: »Sie schenkt mir Kraft und Liebe zum Weiterleben.«

Wörtlich genommen bedeutet es, dass er sich als Vater Liebe und Kraft von seiner Tochter holt. Sollte er das tatsächlich meinen, wird ihm nicht bewusst sein, dass er seinem Kind damit schadet. Kinder sind nicht verantwortlich für den emotionalen Mangel und Stress, den eine Trennung mit sich bringt, im Gegenteil, sie leiden ja selbst darunter. Kinder sind extrem feinfühlig. Als noch abhängige Wesen – materiell abhängig und abhängig von der Zuwendung und Ermutigung der Eltern – wirkt eine Trennungserfahrung auf sie vielfach stärker als auf einen Erwachsenen. Sie bedürfen gerade in solchen Situationen der bedingungslosen Zuneigung.

Wir dürfen als Eltern niemals, auch in solchen Situationen nicht, erwarten, dass die Liebe von den Kindern zu uns fließen muss: Das ist, so hart es auch klingt, emotionaler Missbrauch.

Wenden wir uns dem verzweifelten Vater wieder zu. Wenn er dies mit *Bewusstheit* erkannt hat, ist für ihn nun entscheidend, eine neutrale Position einnehmen zu können:

Seine Frau hat Verantwortung für ihr Leben übernommen. Sie hat die Entscheidung getroffen, ein anderes Leben zu führen. Dazu hat sie ein Recht. Jeder Mensch hat das Recht, solch eine Entscheidung zu treffen – und die entsprechenden Konsequenzen zu tragen.

Der verzweifelte Vater erliegt dem Trugschluss, dass er nur mit einer Fortsetzung des bisher geführten Familienlebens, nur mit dieser Frau glücklich sein kann. So schmerzhaft die Trennung für ihn auch sein mag, dieser Gedanke von ihm ist illusorisch.

Wenden wir uns einmal von ihm ab und stellen ganz allgemein die Frage:

Wie bleibst du zufrieden und fähig, Glücksmomente wahrzunehmen und zu empfinden, egal, was dir im Leben passiert?

Es sind drei Fragen, die wir uns in jeder schwierigen Situation stellen können, um wieder aufs richtige Gleis zu kommen. Die drei Antworten lassen uns fünf Schritte gehen, die das Erlebte verarbeiten. Schritte, die unseren Blick wieder nach oben richten auf unserer Treppe des Erfolgs und der Zufriedenheit. Wir müssen sie nur konsequent gehen.

Möchtest du glücklich sein?

Die erste Frage, die wir uns stellen, weist uns den Weg durchs Leben – vor allem auf emotionaler Ebene. Es ist eine grundlegende Frage, die sich jeder Mensch einmal stellen muss:

Möchte ich möglichst glücklich durch mein Leben gehen?

Das ist die zentrale Frage – einfach und klar. Auf diese Frage gibt es nur zwei kurze Antworten: JA oder NEIN.

Vielleicht ist das sogar die wichtigste Frage, die wir im Leben zu beantworten haben. Egal, wie sich unsere Lebenssituation präsentiert.

Stelle dir jetzt sofort diese ganz einfache Frage: *Möchte ich möglichst glücklich durch mein Leben gehen?* Wie beantwortest du sie? Die meisten Menschen antworten instinktiv: »Natürlich möchte ich glücklich sein, am liebsten ständig.« Doch sind sie sich der Konsequenzen eines JA auf diese Frage bewusst?

Glück ist eine Entscheidung!

Ein JA als Antwort bedeutet nämlich, dass du dich trotz deiner gegenwärtig vielleicht nicht so idealen, vielleicht sogar schwierigen Lage für das Glücklichsein entschieden hast:

- auch wenn du beruflich zu kämpfen hast;
- auch wenn du gerade entlassen worden bist;
- auch wenn du unter einer Krankheit leidest;
- auch wenn du in Schulden steckst;
- auch wenn du einen Unfall hattest;
- auch wenn du insolvent bist;
- auch wenn dein Partner sich von dir getrennt hat;
- auch wenn du deinen Partner durch Tod verloren hast.

Ist dir das bewusst? Beantwortest du die Frage also immer noch mit JA?

Wenn wir ehrlich sind, machen wir unsere Zufriedenheit – Glück empfinden wir genau genommen nur in Momenten – im Alltag häufig von äußeren Umständen abhängig.

Der Vater aus dem oben genannten Beispiel würde dann ehrlich antworten: »Ja, ich bin glücklich, wenn meine Frau bei mir bleibt. Nur dann kann ich glücklich sein.«

NEIN! Das ist die falsche Antwort, seine Frau ist gegangen. Punkt!

Die Vergangenheit kannst du *nicht* beeinflussen, wohl aber deine Zukunft.

Und du?

Beantwortest du die Frage vielleicht so oder ähnlich?

- Ja, ich kann glücklich sein, *wenn* ich endlich gesund bin.
- Ja, ich kann glücklich sein, *wenn* ich endlich den Traumjob habe.
- Ja, ich kann glücklich sein, *wenn* ich den idealen Partner gefunden habe.

- Ja, ich kann glücklich sein, *wenn* ich keine finanziellen Probleme mehr habe.
- Ja, ich kann glücklich sein, *wenn* alle Mitmenschen in meinem Umfeld mich mögen.
- Ja, ich kann glücklich sein, *wenn* jetzt alles so läuft, wie ich mir das vorstelle.

Seien wir ehrlich! Wir alle möchten zufrieden sein und möglichst oft Glücksmomente erleben – *unter bestimmten Voraussetzungen.* Unser Leben soll so sein, wie wir es uns ausmalen. Wenn diese Voraussetzungen nicht erfüllt sind, macht uns das unzufrieden.

Schauen wir uns im Alltag um: Viele Menschen haben Erwartungen ans Leben, die ganz schnell und ständig enttäuscht werden. Da reicht oft schon eine Zutat im Essen, die sie nicht mögen, eine Warteschlange an der Supermarktkasse, ein unfreundlicher Kassierer, das nicht perfekte Hotelzimmer, der Partner, der sich anders verhält als gewünscht, das quengelnde Kind. Und schon macht sich Unzufriedenheit breit. Manche Leute werden dann sogar panisch, wenn an einem Tag mehrere Dinge schieflaufen. Das Glück hat sich von ihnen verabschiedet und ist meilenweit davongeeilt.

Daher müssen wir eine *zweite Frage* beantworten, um die *Bewusstheit* zu schaffen, was Zufriedenheit, Erfüllung und Glück wirklich bedeuten:

Bin ich bereit, glücklich zu sein, egal, was in meinem Leben passiert?

Etwas anders formuliert:

Bin ich bereit, mein Glück von allem, was geschieht, unabhängig zu machen?

Ein JA auf diese zweite Frage bedeutet, dass du das Bewusstsein erlangst, dass dein inneres Glück unabhängig von äußeren Ereignissen und Ergebnissen ist. Und dann wirst du auf einmal viel mehr als ein paar Glücksmomente erleben. Du wirst eine Lebensfreude empfinden, die nachhaltig ist, die dauerhaft ist, die zur Grundstimmung deines Lebens wird.

Glücklich sein hat nicht unbedingt etwas damit zu tun, dass alles so läuft, wie du es dir vorgestellt hast. Denn es ist möglich, dass deine Firma morgen pleite ist und du entlassen wirst. Es ist möglich, dass morgen deine Geschäfte einbrechen (du hast gerade erlebt, was die Corona-Krise bewirkt hat). Es ist möglich, dass dein Partner morgen eine Krebsdiagnose bekommt. Es ist möglich, dass dich morgen jemand verleumdet.

Solche Dinge können geschehen. Doch wenn du *Bewusstheit* entwickelt hast, wenn du weißt, *was* du im Leben sein willst und *wie* du sein willst, wie und mit welcher Einstellung du täglich deine Lebensreise fortsetzt, wenn du deinen Weg *bestimmt* hast, wenn du *Selbstbewusstsein trainiert* hast, dann kann nichts mehr dein inneres Glück untergraben – zumindest langfristig nicht.

Dein inneres Glück besteht darin zu wissen, was der Sinn deines Lebens ist, wofür du lebst und kämpfst.

Immer dann, wenn wir auf unserer Lebensreise unerwartet auf einen ganz schmalen Pfad geraten, wo es rechts und links hinunter in den Abgrund geht, ist es wichtig, den Blick konzentriert und mit festem Willen nach vorne, nach oben zu richten. Wir dürfen uns dann nicht von Selbstmitleid, Wut, Schmerz oder Trauer in den Abgrund reißen lassen. In solchen Situationen sagen wir:

Ich habe mich entschieden, glücklich zu sein, egal, was passiert.

Das Glücksversprechen, das du dir selbst gibst

Wenn Menschen heiraten, geben sie sich ein Eheversprechen. Sie sind verliebt, empfinden dieses tiefe, wunderbare Gefühl. In dieser Zeit ist alles rosarot und herrlich – eine der schönsten Phasen unseres Lebens. Doch irgendwann geht die Verliebtheit vorbei – bei *jedem* Paar. Das ist ganz normal. Und nun kommt es darauf an, ob aus dem Verliebtsein Liebe wird. Du selbst darfst diese Entscheidung treffen.

Verliebtheit ist ein Gefühl – Liebe ist eine Entscheidung.

Eine Entscheidung, zu hundert Prozent JA zu deinem Partner zu sagen.

Dieses hundertprozentige JA ist die unabdingbare Voraussetzung für eine glückliche, erfüllende Ehe.

Neben dem Eheversprechen sollte es auch ein Glücksversprechen geben. Ein Glücksversprechen, das du dir regelmäßig selbst gibst. Indem du dich vor den Spiegel stellst, dir in die Augen schaust und laut zu dir sagst:

Ich habe mich entschieden, glücklich zu sein – egal, was passiert.

Glück ist eine Entscheidung! Eine bewusste Entscheidung, die jeder Mensch FÜR SICH treffen kann.

Das größte Geschenk deines Lebens ist das Leben an sich. Du bekommst in deinem Leben kein größeres Geschenk als dein Leben selbst.

Zwischen Geburt und Tod, auf deiner Lebensreise, darfst du Erfahrungen machen, dich kennenlernen und dich weiterentwickeln. Du darfst für alles, was du erlebst, für alles, was dir widerfährt, dankbar sein, weil jede Erfahrung …

- dich etwas lehren möchte;
- dir die Chance gibt, besser zu werden;
- dich im Leben nach vorne bringen kann.

Du darfst alles, was dir widerfährt, als Sprungbrett sehen, um auf die nächste Entwicklungsstufe zu kommen.

Positive Erfahrungen und Erfolge zeigen dir, was du weiterhin oder vielleicht noch besser tun kannst, um weitere gute Ergebnisse zu erzielen, um mit Erfolg weitere Erfolge anzuziehen und das positive Gefühl der Zufriedenheit und des Erfolgs dabei zu genießen.

Negative Ergebnisse senden dir die Botschaft, dein Handeln zu überdenken und dich neu und besser auszurichten.

Nehmen wir uns als Beispiel einmal ein weniger einschneidendes Ereignis als die bereits hier besprochenen harten Schicksalsschläge vor:

Du hast in einem Monat besonders hohe finanzielle Ausgaben gehabt – warum auch immer – und bemerkst, dass du schon vor Monatsende keinen Cent mehr hast. Dein Konto ist leider überzogen.

Die Botschaft an dich selbst lautet: »Finde einen Weg, mehr zu verdienen, damit du deine Schulden tilgen kannst und jeden Monat genügend Geld hast.« Oder: »Lerne, sparsamer zu leben.« Oder: »Geh achtsamer mit deinen finanziellen Ressourcen um und gib weniger Geld aus.«

Solange du nicht die *Bewusstheit* hast, diese Botschaften ernst zu nehmen und mindestens eine davon in die Tat umzusetzen, wirst du immer wieder vor dieser Herausforderung stehen.

Ein weiteres Beispiel:

Ein Übergewicht von dreißig und mehr Kilogramm wird ein Betroffener mit *Bewusstheit* als klare Botschaft verstehen, seine Lebensweise verändern zu müssen. Außerdem wird sich die oder der Übergewichtige fragen, was sie oder er damit zu kompensieren sucht. Denn wer so viel Übergewicht mit sich herumschleppt, das auf keine bestimmte Krankheit zurückzuführen ist, sollte der Ursache auf den Grund gehen. Übermäßig viel zu essen kann – wie zu viel Alkohol – Ausdruck seelischer Schmerzen sein. Die Herausforderung besteht darin, mit *Bewusstheit* zu erkennen, was im Leben schiefläuft, welcher Mangel damit ausgeglichen werden soll.

Wer keine *Bewusstheit* entwickelt, um Botschaften des eigenen Körpers und der Seele zu verstehen, der wird Schmerz und Krankheiten ernten.

Die Chancen erkennen

Die ersten beiden der drei Fragen, die wir uns in jeder schwierigen Situation stellen können, um wieder auf Spur zu kommen, lauteten:

Möchte ich möglichst glücklich durch mein Leben gehen? Und: Bin ich bereit, glücklich zu sein – egal, was in meinem Leben passiert?

Wenn du diese beiden Fragen mit JA beantwortet hast (dazu gehört viel Bewusstheit und innere Größe dazu), bist du bereit für die dritte Frage. Sie betrifft den Blickwinkel, aus dem du auf das schaust, was du in deinem Leben erfährst. Wir haben weiter oben schon ausführlich darüber gesprochen. Die Wiederholung dieses Themas in einem ganz und gar praktischen Zusammenhang wird dein Bewusstsein dafür schärfen. Du befindest dich also in einer brenzligen Lage, sei es Kündigung, Trennung, Verlust eines Menschen oder Krankheit oder noch etwas anderes, und willst dich nicht aus der Bahn werfen lassen. Die ersten beiden Fragen hast du mit einem klaren JA beantwortet. Du willst dich nicht unterkriegen lassen.

Nun kommt folgerichtig die Frage, wie du aus der Situation wieder herauskommst. Du kannst die Vergangenheit nicht ändern, du musst das Geschehene wirklich akzeptieren, um in die Zukunft zu schauen und sie gestalten zu können. Also stellst du dir die *dritte Frage*:

Was kann sich Positives für mich aus dieser Situation entwickeln?

Diese Frage lädt dich ein, deinen Blickwinkel zu verändern. Sie gibt dir die Chance, einen vollkommen neuen Standpunkt einzunehmen. Sie gibt dir die Gelegenheit, in einem extrem schwierigen Lebensmoment den Fokus auf das Gute, die Chancen und Möglichkeiten zu lenken.

Erinnern wir uns noch einmal an den Herrn, dessen Frau sich für einen anderen Partner entschieden hat. Er hatte seine Lage wie folgt beurteilt: »Ich weiß nicht, ob ich mich ... je wieder erholen werde und wieder glücklich in meine Lebenskraft kommen werde.«

Er könnte, wenn er *Bewusstheit* erlangt hat für seine Situation, zu sich selbst sagen:

»Ich muss akzeptieren, dass meine Frau einen anderen Lebensweg gewählt hat. Ich liebe meine Tochter und werde alles dafür tun, damit sie unter unserer Trennung nicht leiden muss. Nun sorge ich für *meine* neue Zukunft. Was lerne ich aus dieser Trennung? Was ist mein Anteil an dieser Scheidung? Welche Verhaltensweisen und Gewohnheiten in einer Partnerschaft bin ich bereit zu ändern, damit ich in der nächsten Beziehung nicht wieder an den gleichen Punkt komme? Wie kann ich mich in einen besseren Partner entwickeln? Habe ich mich vielleicht selbst zu wichtig genommen? Oder habe ich mich selbst verloren und aufgegeben? Welche neuen Leute kann ich nun kennenlernen, die ich vorher wegen familiärer Verpflichtungen nicht kennenlernen konnte?

Bin ich bereit, meiner ehemaligen Königin nur das Beste zu wünschen, ihr zu vergeben, sie immer im Herzen zu behalten, damit ich mein Herz und meine Wahrnehmung für meine neue Göttin öffnen kann? Sprich: Bin ich bereit für eine glücklichere Beziehung, weil ich etwas Besseres verdient habe, da ich die Lektionen aus der gescheiterten Beziehung gelernt habe?

Auch wenn ich es im Moment noch nicht sehen kann, so glaube ich zumindest daran, dass sich viele neue Möglichkeiten für mich eröffnen.«

Mit diesem Blickwechsel, mit dieser Veränderung der Perspektive konzentriert er sich auf die Chancen, die es *immer* gibt. Wir müssen sie nur entdecken *wollen*.

Ein positives Beispiel aus meinem eigenen Umfeld möchte ich dir nicht vorenthalten:

> Vor Kurzem habe ich mich mit einer Bekannten getroffen. Wir hatten uns seit über einem Jahr nicht gesehen. Als ich sie fragte, wie es ihr denn so gehe, antwortete sie: »Christian, ich war richtig, richtig krank.«
>
> Es war damit losgegangen, dass sie wochenlang das Gefühl hatte, immer mehr Energie zu verlieren. Weder die praktischen Ärzte, die sie dann aufsuchte, noch die Ärzte im Krankenhaus, wo sie sich selbst eingewiesen hatte und komplett durchchecken ließ, fanden eine Ursache. Doch sie selbst spürte, dass physisch etwas nicht mit ihr stimmte. Und dann wurde sie eines Tages zu Hause plötzlich ohnmächtig. Sie fiel sehr unglücklich, brach sich unter anderem das Steißbein und verlor das Gefühl in ihren Beinen. Es folgte eine schwere Operation im Krankenhaus. Monatelang kämpfte sich meine Bekannte zurück ins Leben. Durch den Sturz waren verschiedene Nerven so in Mitleidenschaft gezogen, dass sie kaum mehr gehen konnte.
>
> Als sie nach sehr langer Zeit endlich wieder zurück nach Hause konnte, und zwar auf Krücken gestützt, teilte ihr Mann ihr mit, dass er ausziehen werde und die Ehe als beendet betrachte. Die gemeinsame Tochter sollte bei der Mutter blei-

ben. Ein Gespräch über die Gründe für seine Entscheidung war nicht möglich. Dieser zweite Schicksalsschlag traf meine Bekannte hart. Doch diese bewundernswerte Frau stellte sich die Frage: Welche Chancen habe ich, welche Möglichkeiten gibt es, um das Bestmögliche aus meiner Lage zu machen?

Keine vier Wochen später hatte sie ein Au-pair-Mädchen aus Georgien engagiert, das sich sehr liebevoll um ihre kleine Tochter kümmerte und ihr die Gelegenheit gab, durch Reha-Training schnell wieder auf die Beine zu kommen. Dann startete sie beruflich wieder durch. Sie ist Trainerin und Mentalcoach. Über Nacht kamen auf einmal fast alle alten Kunden wieder, die sie vor ihrer Verletzung betreut hatte.

Sie sagte freudestrahlend: »Christian, innerhalb von vier Wochen habe ich mich wie neugeboren gefühlt und habe gemerkt, wie gut es war, dass mein Mann weg war. Das konnte ich mir am Anfang beim besten Willen nicht vorstellen. Doch die Frage ›*Was kann sich Positives für mich aus dieser Situation entwickeln?*‹ brachte ganz neue Gedanken in mir zum Fließen. Ich wünsche meinem Ex-Mann alles, alles Gute für seine Zukunft. Doch ich bin so froh, dass er weg ist. Weil ich jetzt fühle, an welcher Illusion von Traumfamilie ich festgehalten hatte. Aber da war nie eine Traumfamilie gewesen. Wir haben nebeneinanderher gelebt, ohne dass es uns bewusst war.«

Meine Bekannte ist durch den Bewusstmachungsprozess hindurchgegangen, den der Familienvater aus unserem Beispiel oben noch zu durchschreiten hat:

Trauer ist wichtig. Trauer ist gut. Doch dann darf die Phase kommen, in der wir Frieden schließen. In der wir unserem Ex-Partner von Herzen alles Gute wünschen, das richtige Karma schicken und uns auf die neuen Chancen und Möglichkeiten konzentrieren. Vergebung ist eine der wichtigsten Emotionen, um langfristig gesund zu bleiben. Denn wenn du anderen Menschen grollst, schadest du dir damit selbst am meisten, weil du mit diesen negativen Gedanken täglich deine Zellen vergiftest – es ist wie eine dauerhafte »Umweltverschmutzung« in deinem eigenen Körper.

Nicht jede Beziehung hält ein Leben lang, und das muss sie auch nicht. Statistisch gesehen halten übrigens Zweitehen länger als Erstehen. Viele Menschen lernen anscheinend aus den Fehlern, die sie in der ersten Ehe gemacht haben.

Gerade beim Thema Partnerschaft gilt der schöne Spruch, mit dem du dich augenzwinkernd trösten kannst:

»Wenn die Könige gehen, dann kommen die Götter.«

»Wenn die Königin gehen will, dann kommt für mich die Göttin.«

Doch nur, wenn du mental bereit dafür bist und du deine ehemalige Königin, deinen ehemaligen König wirklich losgelassen hast. Und loslassen heißt vergeben. Wirklich vergeben!

Der neue Partner wird sich zeigen, sobald du die Einstellung hast: »Wow, was wird sich wohl Großartiges aus dieser Situation für mich entwickeln?« Diese Blickwinkelveränderung schaffen wir nicht immer sofort. Wir sind Menschen. Doch du kannst lernen, mit jeder herausfordernden Lebenssituation besser zu werden. Erinnere dich: Trauern ist notwendig. Dauerhaftes Leid ist selbst gewählt.

10

Der richtige Umgang mit dir selbst

Dein wichtigster Begleiter im Leben bist du SELBST!

Von einer Vertrauensperson, die uns durch das Leben begleitet, erwarten wir, dass sie zu hundert Prozent hinter uns steht. Sie wird für uns da sein, wenn wir Ängste, Sorgen, Probleme haben. Und diese Vertrauensperson wird sich mit uns zusammen freuen, wenn wir Glück empfinden.

Bist du dir selbst in deinem Leben dein bester Begleiter? Wohlwollend, unterstützend, dich liebend, egal, was geschieht?

Viele von uns leiden an einem inneren Schmerz. Verursacht von einer seelischen Wunde, die nicht zuheilen will: Die *Ablehnung* des eigenen Ich: des Körpers, der Stimme, des Verhaltens, des Fühlens, der intellektuellen oder praktischen Leistungen, der Lebensgewohnheiten, bestimmter Charaktereigenschaften und so weiter. Die Liste ließe sich lange fortsetzen.

Wir können uns nicht annehmen, wie wir sind. Es fällt uns schwer, uns selbst zu akzeptieren. Wir glauben, wir seien nicht gut genug. Die anderen sind in unserer Vorstellung immer besser als wir selbst. Wir lieben uns nicht.

So lernen die meisten von uns Selbstliebe kennen: durch den Mangel daran. Dadurch, dass sie nicht da ist. Dass wir sie nicht kennen, sie nicht fühlen, wahrnehmen, spüren.

Wir meinen, wir wären zu groß oder zu klein. Nicht hübsch oder charismatisch genug. Wir seien nicht liebenswert. Wir haben den Eindruck, wir seien nicht intelligent genug, besäßen nicht genügend Talente oder kämen bei anderen Menschen nicht so an, wie es sein sollte. Wir bilden uns ein, für andere uninteressant zu sein. Wir könnten sie nicht für uns gewinnen und hätten deswegen zu wenige Freunde oder seien deshalb allein.

Was macht ein Mensch, der sich selbst nicht mag?

- Möglichkeit 1: Entweder resigniert er und springt jammernd und klagend in die Opferrolle. Er richtet seinen Fokus auf die Schwere des Lebens.
- Möglichkeit 2: Er strebt nach Erfolg, Ruhm, Ehre, Stolz und Anerkennung. Weil er glaubt, er könne sich Liebe durch Leistung verdienen. Dies ist ein weitverbreiteter Glaubenssatz: Liebe gegen Leistung.

Bitte lege das Buch einmal zur Seite und prüfe, ob du Sklave dieses Glaubenssatzes bist: *Liebe gegen Leistung.*

*

Mit diesem Glaubenssatz fangen wir häufig in jungen Jahren an zu leisten und zu dienen. Denn die meisten von uns haben im Elternhaus gelernt, dass sie mehr Zuwendung und Liebe bekamen, wenn sie Leistung erbracht haben.

Wir tun also alles, um jemand zu sein, den es sich lohnt zu lieben. Wir streben als junge Menschen nach Erfolg in der Schule, im Sport, in der Musik, nach vielen Followern in den Social Media. Wir überprüfen unseren Marktwert mit freizügigen Instagram-Bildern und tun alles, nur um Likes zu bekommen.

Wir verstellen uns so, wie wir glauben, am besten anzukommen. Wir sagen nette Dinge, die wir nicht meinen. Wir achten mehr auf andere als auf uns selbst. Wir sind höflich, aufopferungsvoll, immer für andere da, auch wenn wir uns danach ärgern, weil wir uns selbst wieder vergessen haben.

Wir machen dann Ausbildungen, die uns nicht begeistern, weil sie angeblich ein höheres Einkommen versprechen und ein gutes Image.

Wir kämpfen uns die Karriereleiter nach oben. Wir streben nach Reichtum, Macht, Anerkennung, Ruhm, Stolz und Ehre. Und wir erlernen dafür die Ellenbogenmentalität, gehen »über Leichen«.

Oder wir sind immer schön brav, lieb, nett, damit uns alle lieb haben.

Wir päppeln unseren Body auf, geben viel Geld für Beauty aus, teure Kleider, Friseure, Kosmetik, OPs. Wir verbringen viel Zeit in stinkenden Fitnesscontainern. Wir kämpfen und machen alles Mögliche unablässig und im Glauben, damit mehr Anerkennung, Wertschätzung und Liebe zu bekommen.

Da wir uns selbst weder akzeptieren noch lieben, tun wir alles, um diesen Mangel auszugleichen. Denn Liebe ist das Lebenselixier schlechthin. Ohne Liebe ist kein Wesen lebensfähig.

Das Fatale ist: Wenn wir uns nicht selbst annehmen und lieben lernen, wenn wir stattdessen von anderen bestätigt und geliebt werden wollen, sind *Schmerz und innere Leere vorprogrammiert.*

Warum sind Schmerz und Leere vorprogrammiert? Es gibt zwei Gründe:

Begründung 1: Liebe in Form von Anerkennung, Prestige und Ruhm für unsere Leistungen, unser Wirken, unser Image und unsere Rolle macht uns von anderen abhängig.

Nehmen wir beispielsweise Erfolg in den Social Media: Follower, Klicks und so weiter. Die permanente Angst, diese »Liebe« eines Tages wieder zu verlieren, zwingt uns, immer weiterzukämpfen, noch mehr zu »leisten«, damit die Illusion dieser »Liebe« nicht verloren geht.

Wir hängen wie ein Kranker am Tropf oder wie ein Drogensüchtiger an der Nadel. Schau dir nur mit *Bewusstheit* all die Süchtigen auf Instagram und in den anderen Social-Media-Kanälen an. Dieses peinliche Betteln um Aufmerksamkeit, nach Anerkennung, nach Liebe: »Schau dir meine Story, meine Posts an. Zeige mir, dass es für dich wichtig ist, was ich zu sagen habe. Wie toll ich mich ernähre, was ich für einen durchtrainierten Körper habe, wie toll ich durch mein Leben gehe.«

Begründung 2: **Menschen, denen es nicht gelingt, von anderen das zu bekommen, was sie sich selbst nicht geben können – Lob, Anerkennung, Ehre, Liebe –, werden enttäuscht und entmutigt sein.**

Fazit: *Weder im ersten noch im zweiten Fall wirst du Zufriedenheit und Glück dauerhaft finden. Du läufst wie ein Süchtiger nach Anerkennung und Liebe blind durch die Welt.*

Wenn du blind durch die Welt läufst, hast du keine *Bewusstheit* dafür, wie du die Selbstliebe an dem einzigen Ort findest, an dem sie dauerhaft entstehen kann: *in dir selbst.*

Du wirst dich *dir selbst* auf Dauer entfremden, denn du bist abhängig von dem, was die anderen dir sagen, du bist auf deren Gnade angewiesen. Und noch etwas kommt hinzu: Wenn du dich nicht selbst akzeptieren und lieben kannst, wirst du echte Anerkennung auch nicht annehmen können. Es mag absurd klingen: Wenn du selbst deinen Wert nicht anerkennst und dich nicht liebst, sondern die Anerkennung und Liebe bei anderen suchst, wirst du ungläubig sein, wenn sie dich anerkennen, loben und lieben. Denn wenn du von dir selbst glaubst, dass du es nicht wert bist, kannst du es auch anderen nicht abnehmen. Du gerätst dann in einen Teufelskreis.

Solange du nicht authentisch bist, leidest du darunter, dass du Anerkennung nicht wirklich annehmen kannst.

So wird der innere Graben zwischen dir und deinem wahren Ich immer größer. Der Graben zwischen dir und der Welt und anderen Menschen. Du leidest unter einem inneren Hunger, einem Mangel an Liebe. Und der Wunsch, diese Leere zu füllen, wird mit der Zeit immer stärker und zwanghafter.

Die Sucht nach Intensität, wie Liebe sie dir geben könnte, gleichst du dann als Workaholic aus. Oder du betäubst dich mit Drogen wie Alkohol. Oder du suchst ständig neue sexuelle Abenteuer. Oder du isst übermäßig viel. Oder du lenkst dich von dir selbst ab mit Reisen, Partys und anderen Vergnügungen. Irgendwann aber wirst du deinen inneren Hunger nach Liebe nicht mehr stillen können und resignierst.

Dann bist du auf dem falschen Weg! Es gilt umzukehren!

Mit Bewusstheit wirst du erkennen, dass du vergeblich in der äußeren Welt bei anderen Menschen das suchst, was du nur in dir selbst finden kannst: die Liebe, die du dir selbst gibst, indem du dich voll und ganz so annimmst, wie du bist.

Irgendwann scheinen viele von uns erst als Erwachsene an diesen Punkt zu kommen, wo das innere Vakuum so groß wird, dass es nicht mehr mit äußeren Dingen gefüllt werden kann. In diesem Moment bleiben wir stehen! Jetzt kann *Bewusstheit* einkehren.

Diesen Moment beschreiben Menschen sehr unterschiedlich:

> Axel hatte über die Jahre hundert unterschiedliche Sexualpartner, bis ihm auf einmal bewusst wurde, dass jede neue Begegnung ihn nur noch leerer machte, emotional taub. Es ging gar nicht um die Persönlichkeiten dieser Partner, sondern nur darum, um durch sexuelle Abenteuer die innere Leere zu fül-

len. Irgendwann wachte er auf. Er hatte eine Frau kennengelernt, die ihn zwar mochte, ihm jedoch klarmachte, dass er für eine Beziehung, wie sie es sich wünschte, ungeeignet sei.

Das war für ihn der Wendepunkt zur *Bewusstheit*, denn er verliebte sich in sie und begann, für diese Liebe zu kämpfen.

Ein anderes Beispiel:

Carla hatte jahrelang an ihrer Karriere in der Finanzbranche gearbeitet, war immer erfolgreicher geworden und nun in leitender Position. Ihren langjährigen Partner, der unbedingt Familie wollte, hatte sie schweren Herzens ziehen lassen für ihre berufliche Selbstverwirklichung.

Dann erlitt sie einen Burn-out, erkannte mit *Bewusstheit*, dass ihr Weg falsch war. Sie fand heraus, dass sie diesen beruflichen Weg nur eingeschlagen hatte, weil es der Wunsch ihres Vaters gewesen war. Sie schenkte sich ein Jahr Zeit, lernte, sich selbst so anzunehmen, wie sie eigentlich war, und fing an, wirklich zu leben. Sie machte sich mit einer Kunstgalerie selbstständig. Ihre Kenntnisse aus der Finanzbranche halfen ihr dabei, erfolgreich zu werden.

Es ist ein wirklich magischer, zentraler Moment in deinem Leben, wenn du mit Bewusstheit erkennst, dass Liebe und wirkliches Glück NICHT in der Außenwelt zu finden sind, sondern nur in dir selbst.

Sagen zu können: »Ich nehme mich an, wie ich bin, und liebe mich«, fühlt sich für viele von uns wie eine riesengroße Lüge an.

Es gibt vier grundlegende Schritte, mit denen du den Start in die Selbstliebe erfolgreich bewältigst. Diese vier Schritte werden wir jetzt gemeinsam erarbeiten.

Die vier Schritte zur Selbstakzeptanz und Selbstliebe

Mache dir bewusst, dass es zwei Versionen von dir selbst gibt:

1. *die reale Version von dir*, die gerade dieses Buch liest.
2. *die Soll-Version von dir*, die dir durch äußere Einflüsse in den Kopf gepflanzt wurde oder die du dir selbst aufgebaut hast.

Diese beiden Ichs gleichst du (unbewusst) ständig miteinander ab. Du stellst dir (unbewusst) Fragen wie:

Sehe ich wirklich gut aus? Verdiene ich auch genügend Geld für das, was ich tue? Genießt mein Partner genügend Anerkennung von seinen Kollegen? Sind meine Kinder begabt genug?

Solange du keine *Bewusstheit* für diese Grundwahrheit des laufenden Vergleichs entfaltet hast, passiert meist Folgendes:

Du wertest dich als reale Person ständig selbst ab: »Ich bin zu dick/dünn/groß/klein« und so weiter. »Ich kann das nicht ...« – »Ich bin zu doof dafür ...« – »Ich bin hier nicht gut ...« – »Ich habe die Schwächen ...«

Du wertest dich selbst ab, lehnst dich selbst ab: Das ist Selbsthass! Du befindest dich im Dauerkrieg mit dir selbst.

Entfalte die BEWUSSTHEIT zu akzeptieren, dass du nie dieses perfekte Bild deiner selbst sein wirst, das dir von den Medien in den Kopf gepflanzt wurde. Vertreibe dieses unerreichbare Idol. Höre auf, danach zu streben. Denn du wirst diesen Kampf immer verlieren.

Es ist sehr wichtig, dir selbst mit *Bewusstheit* klarzumachen, dass du Folgendes nicht verwechseln darfst: das Bild von dir selbst, das dir durch äußeren Einfluss ins Hirn gepflanzt wurde, und das Selbstbild, das du dir durch Imagination auf die Schlüsselfrage vom Anfang dieses Buches erarbeitet hast. Die Frage »*Wer* will ich sein?« Denn die Antwort darauf hast du mit Ehrlichkeit und Authentizität beantwortet. Erinnere dich: Die Persönlichkeit, die du sein willst, trainierst du ja in der Imagination so lange, bis sie zur inneren Realität geworden ist. Dann wirst du sie automatisch durch dein Tun in deinem wirklichen Leben realisieren.

Du darfst also selbstverständlich nach Erfolg streben. Doch es ist der Erfolg, den du dir zu deiner Persönlichkeit passend vorgestellt und gewünscht hast.

Ja, du möchtest etwas bewirken. Doch du machst das aus einer inneren Liebe zu dir. Und immer dann, wenn es dir zu viel wird, wenn du dein Tun als negativen Stress erlebst, nimmst du dir die Zeit innezuhalten.

Du strebst nach Erfolg, und gleichzeitig ist Zeit für dich selbst das Wertvollste in deinem Leben. Dein Beruf steht nicht mehr an erster Stelle. *Du* stehst an erster Stelle.

Und gerade weil du die selbst gewählten Aufgaben aus einer Selbstliebe heraus mit Leichtigkeit, Ruhe und Gelassenheit machst, ist der Erfolg viel größer, als wenn du etwas machst, was andere gut finden.

Du agierst besonnen. Du denkst nach, bevor du etwas machst. Damit verringert sich auch die Zahl der falschen Entscheidungen. Du vergeudest keine Energie, sondern wirst richtig effektiv.

Es ist leicht, beschäftigt zu sein. Es ist schwer, effektiv zu sein. Effektives Arbeiten setzt Selbstliebe voraus.

SCHRITT 1: Nimm dich selbst an, wie du bist

Die erste Aufgabe, die du auf dem Weg zur Selbstliebe erfüllen darfst: Beobachte, in welchen Lebensbereichen du dir selbst mit einer Anti-Haltung begegnest. Stell dir die Frage: Wo bekämpfe ich mich aktuell noch selbst?

Mach dir bitte ganz genau BEWUSST ...

- was du an dir aktuell noch ablehnst;
- wofür du dich schämst, versteckst, nicht zu dir stehst;
- wo du dich abwertest;
- wo du dir die Schuld für etwas gibst;
- wo du im Kriegszustand mit dir selbst bist.

Nimm dir bitte jetzt die Zeit, diese Fragen schriftlich genau und am besten mit Beispielen aus der letzten Zeit zu beantworten. Mach dir hier deine Notizen:

_____

_____

_____

_____

_____

_____

_____

Hast du diese Übung sorgfältig gemacht? Vielleicht schaust du sie dir morgen noch einmal an, möglicherweise sind dir inzwischen weitere Dinge dazu eingefallen. Dieser erste Schritt hin zur Veränderung ist das *Bewusstmachen* des Istzustands.

Wenn du weißt, wo, wie und wodurch du dich immer wieder selbst zu Unrecht kritisierst und ablehnst, hast du damit die *Bewusstheit* erreicht, um Selbstakzeptanz und Selbstliebe zu entwickeln. Ohne dieses genaue und ehrliche Hinsehen, das durchaus schmerzhaft sein kann, wirst du den nächsten Schritt nicht vollziehen können.

SCHRITT 2: Handle im Bewusstsein, dich selbst zu mögen

Stelle dir im Alltag so oft wie möglich folgende einfache Frage. Deine ehrliche Antwort wird eine tiefe Wirkung entfalten.

Was würde jemand, der sich selbst liebt, genau jetzt tun?

Oder frage dich direkt:

- *Wenn ich mich selbst wirklich lieben würde, was würde ich jetzt tun?*
- *Wenn ich mich selbst wirklich lieben würde, wie würde ich jetzt entscheiden?*
- *Wenn ich mich selbst wirklich lieben würde, was würde ich jetzt unterlassen?*
- *Wenn ich mich selbst wirklich lieben würde, was würde ich jetzt denken?*
- *Wenn ich mich selbst wirklich lieben würde, was würde ich jetzt sagen?*
- *Wenn ich mich selbst wirklich lieben würde, wie würde ich jetzt reagieren?*

Es gab eine Phase in meinem Leben, da habe ich mir diese Fragen ein Jahr lang jeden Tag selbst gestellt. Ich hatte zuvor mit *Bewusstheit* analysiert, dass ich mich selbst nicht wirklich akzeptiert hatte, wie ich war. Meine Antworten haben mir geholfen, mich so annehmen zu können, wie ich damals war, mit allen Fehlern, die ich gemacht hatte, mit aller Selbstkritik. Und meine Antworten waren ungemein hilfreich für mich, gaben mir Kraft und machten mir klar, dass es so etwas wie eine »gesunde Selbstfürsorge« gibt.

Du hast eine Fürsorgepflicht für dich selbst, denn wenn du mit dir selbst nicht im Reinen bist, kannst du für andere nichts bewirken. Denke an die Regeln für Passagiere im Flugzeug: »Setzen Sie sich bei einem Druckabfall zuerst selbst die Sauerstoffmaske auf, bevor Sie anderen helfen.«

Und du?

Stelle dir bitte auch diese Frage ein Jahr lang immer wieder:

Wenn ich mich selbst wirklich lieben würde, was würde ich jetzt tun?

Du wirst in deinem Leben immer wieder zu dieser Frage zurückkehren. Denn sie wird dir in Fleisch und Blut übergegangen sein. Dein Leben wird ein täglicher Entscheidungsprozess aus gesunder Selbstliebe sein.

Lass uns diese Frage erst einmal auf den ganz gewöhnlichen Alltag übertragen.

Du hast den ganzen Tag gearbeitet und bist müde. Für den Abend haben deine drei besten Freundinnen angefragt, ob du Zeit für sie hast. Nun stellst du dir die Frage:

Wenn ich mich selbst lieben würde, was würde ich antworten?

Wenn du dich gegen den Abend mit den Freundinnen entscheidest, weil du Ruhe brauchst, kommst du der Fürsorge für dich selbst nach. Und du musst deine Freundinnen nicht vor den Kopf stoßen, du kannst ihnen versprechen, den Abend nachzuholen.

Nein sagen zu können ist eine ganz wesentliche Fähigkeit, sich abzugrenzen von den Erwartungen anderer. Spätestens im beruflichen Alltag wirst du es lernen müssen, um von anderen nicht ausgenutzt zu werden. Du wirst sonst schnell zum »Mädchen/Jungen für alles«. Das wiederum wird dir schnell negative Gefühle verschaffen, und du wirst dein Handeln und dich selbst damit ablehnen. Habe also den Mut, auch *Nein* zu sagen, wenn es angebracht ist. Aber behalte im Auge, ob es hie und dort nicht gut ist, dem Kollegen einen Gefallen zu tun, wenn er oder sie es umgekehrt auch so macht.

*

Kommen wir von den kleinen Entscheidungen im Alltag zu den großen Dingen des Lebens, zu Beruf, Partnerschaft, Familie, Freunde. Du kannst dir Fragen stellen wie:

- *Wenn ich mich selbst wirklich lieben würde, würde ich dann mit meinem Job weitermachen? Oder würde ich lieber etwas anderes machen?*
- *Wenn ich mich selbst wirklich lieben würde, würde ich in dieser Partnerschaft bleiben oder gehen?*
- *Wenn ich mich selbst wirklich lieben würde, würde ich an diesem Ort wohnen bleiben oder umziehen?*
- *Wenn ich mich selbst wirklich lieben würde, würde ich mit diesen Menschen zusammenbleiben oder meinen Freundeskreis verändern?*

Wenn du beim Thema Selbstliebe Entwicklungspotenzial für dich siehst, was du schnell bemerkst, wenn du solche Fragen ehrlich beantwortest, wirst du in einem Jahr eine deutliche Veränderung deiner selbst vollzogen haben. Du wirst nicht mehr dieselbe Person sein, die du heute bist.

Wenn du trainierst, dir diese Fragen regelmäßig zu stellen und ehrlich zu beantworten, wirst du deine Intuition schärfen. Deine Intuition dafür, *die für dich richtigen* Entscheidungen zu treffen und die Erwartungen anderer nicht zu beachten.

*

Fassen wir zusammen: Die ersten beiden Schritte auf dem Weg, dich selbst voll und ganz zu akzeptieren, wie du bist, und dich selbst zu lieben, sind:

SCHRITT 1
Entfalte die BEWUSSTHEIT zu akzeptieren, dass du nie dieses perfekte Bild deiner selbst sein wirst, das dir von den Medien in den Kopf gepflanzt wurde. Vertreibe dieses unerreichbare Idol.

SCHRITT 2
Mit BEWUSSTHEIT wirst du erkennen, dass du vergeblich in der äußeren Welt bei anderen Menschen das suchst, was du nur in dir selbst finden kannst. Die Liebe, die du dir selbst gibst, indem du dich voll und ganz so annimmst, wie du bist. Frage dich stets:
Wenn ich mich selbst voll lieben würde, was würde ich jetzt tun?

Kommen wir zu Schritt 3. Dieser Schritt erfordert Mut.

SCHRITT 3: Werde ehrlich dir selbst gegenüber

Das ist nicht einfach, denn die meisten Menschen sind es gewohnt, sich selbst etwas vorzumachen, sich selbst zu belügen. Das ist in der Regel viel einfacher, als sich selbst bisherige Lebenslügen einzugestehen und das eigene Handeln neu und besser auszurichten. Denn wir können, wenn wir fürsorglich mit uns selbst sein wollen, nicht zugeben, dass wir uns in diesem oder jenem Bereich des Lebens etwas vormachen, ohne dies dann auch ändern zu wollen.

Ehrlich dir selbst gegenüber wirst du, indem du dich fragst, ob du jetzt so lebst, wie du auf die Schlüsselfragen am Anfang dieses Buches geantwortet hast: *Wer will ich sein?* Und: *Wie will ich sein?*

*

Lebst du entsprechend deiner Antworten darauf? Lebst du für deine neuen Ziele? Hast du das Fernziel auf deiner Erfolgsleiter im Kopf?

Oder:

Verwendest du vielleicht immer noch viel zu viel Energie darauf, dich danach zu richten, was andere über dich denken, das heißt, die Meinung anderer zu berücksichtigen?

Traust du dich immer noch nicht, deine Chefin um eine Gehaltserhöhung zu bitten, obwohl du von deinem männlichen Kollegen höchstpersönlich weißt, dass er bei gleicher Arbeit mehr verdient?

Gehst du immer noch deinem ungeliebten Job weiter nach, weil du Angst hast, keinen anderen zu bekommen?

Hast du immer noch nicht den Mut, mit deinem Partner über eine gerechtere Verteilung der Hausarbeiten zu sprechen, weil du Angst davor hast, dass er dich dann nicht mehr liebt?

Bringst du immer noch nicht den Mut auf, vor deinen Freunden oder Kollegen zu deiner Homosexualität zu stehen?

Lässt du immer noch Kollegen hängen, die zu Recht und konstruktiv Kritik anmelden, nur weil du Angst hast, das könnte dir zum Nachteil gereichen?

Sicher erkennst du beim Lesen dieser Fragen, dass du dir ganz ähnliche kleine und große Fragen stellen darfst. Werde endlich ehrlich dir selbst gegenüber, du bist es deiner Fürsorge für dich selbst schuldig – im Kleinen wie im Großen.

Stell dir also zuerst die übergreifende Frage:

Wo – in welchem Lebensbereich – mache ich mir bis heute selbst etwas vor?

Nimm dir Zeit und Ruhe, um deine Antworten zu finden. Schreibe sie auf. Analysiere sie in Ruhe. Lies dir deine Ergebnisse am nächsten Tag noch einmal durch. Nimm dir dafür alle Zeit, die du brauchst, selbst wenn du eine ganze Woche dafür aufwenden musst.

Und dann entscheide dich BEWUSST dafür, diesen Selbstbetrug ein für alle Mal zu beenden und von nun an ehrlich zu dir selbst zu sein: aus reiner Selbstliebe. Weil du es dir wert bist.

Suche dir einen ruhigen Ort, setz dich allein und ganz in Ruhe hin und denke nach. Lass die Antworten auf deine Fragen aus deinem Inneren zu dir kommen. Die BEWUSSTHEIT dafür hast du entwickelt, indem du die Fragen beantwortet hast, wo du dich selbst belogen hast. Du hast dir die richtigen Fragen gestellt, also bekommst du nun auch die ehrlichen Antworten.

Es mag hilfreich für dich sein, dich für ein Wochenende oder ein paar Tage aus deinem Alltag zurückzuziehen, um dir all deine Notizen anzuschauen, die du während der Lektüre dieses Buches gemacht hast, und alle Fragen und Antworten noch einmal in Ruhe durchzugehen.

Denn für deine Zukunft, die du allein gestalten darfst, ist es wesentlich, diese Selbstanalyse ungestört und ganz in Ruhe ohne jeden äußeren Druck durchführen zu können. Denn du wirst Entscheidungen zu treffen haben, die dein Leben sofort positiv verändern können. Stelle dir folgende Fragen:

- Was mache ich ab jetzt anders? *Weil ich mich LIEBE!*
- Was schenke ich mir in diesem Leben an Erfahrungen und Erlebnissen? *Weil ich mich LIEBE!*
- Was möchte ich auf dem Sterbebett über mein Leben sagen können? *Weil ich mich LIEBE!*
- Nach welchen Werten lebe ich ab heute? *Weil ich mich LIEBE!*
- Welche Sehnsucht werde ich ab heute ausleben? *Weil ich mich LIEBE!*

Wenn du deine Antworten auf diese Fragen gefunden und schriftlich festgehalten hast, bist du bereit für den nächsten Schritt zur Selbstannahme und Selbstliebe.

Bisher haben wir drei Schritte auf dem Weg zur Selbstakzeptanz und Selbstliebe vollzogen. Ich wiederhole nun nicht mehr die Fragen selbst, sondern fasse *die Ergebnisse* zusammen:

ERGEBNIS von SCHRITT 1

Du weißt nun, wo du dich selbst behinderst und bekämpfst und wie du dich selbst annehmen kannst, so, wie du bist.

ERGEBNIS von SCHRITT 2

Du weißt nun, dass du vergeblich in der äußeren Welt bei anderen Menschen das gesucht hast, was du nur in dir selbst findest: eine gesunde Selbstliebe.

ERGEBNIS von SCHRITT 3

Du weißt nun, wo und wie du dich in deinem Leben selbst belügst und wie du ab sofort immer ehrlich zu dir selbst sein kannst, ohne Angst, dich nicht zu mögen. Du kannst dich nun so annehmen, wie du bist, und dich so lieben, wie du bist, egal, was geschieht.

Nun kommen wir zu dem ganz entscheidenden vierten Schritt, der dein Leben ab sofort positiv verändert.

SCHRITT 4: Das eigene Handeln korrigieren

Du hast in *Bewusstheit* Klarheit über dich selbst und dein Leben erlangt. Du bist zu dem ermutigenden Schluss gekommen, dass du dich selbst annehmen kannst und lieben darfst, so, wie du bist. Du kennst die Antworten auf die Schlüsselfragen, wer du sein willst und wie du sein willst, und hast dir Ziele gesetzt, die du erreichen möchtest auf den verschiedenen Etappen deiner Lebensreise und in den verschiedenen Bereichen deines Lebens. Herzlichen Glückwunsch, dass du die Reise zu dir selbst und deinen wahren Lebenszielen bis zu diesem Punkt mitgemacht hast! Nun bist du bereit für den letzten Schritt:

Du hast den Mut, dein Handeln zu korrigieren.

Welche Antworten du auch immer für dich gefunden hast, welche Ziele auch immer du für dich gesetzt hast, wie auch immer deine Transformation aussehen mag: Gehe mutig deinen Weg.

Es ist der Weg deiner Befreiung von allem, was dich fremdbestimmt. Es ist der Weg zu deinem ureigenen authentischen Wesenskern.

Aber bedenke dabei:

Jeder Mensch hat gute und schlechte Tage. Tage, an denen ihm mehr gelingt, und Tage, an denen es weniger gut klappt.

Es wird Tage geben, an denen du mehr zu dir stehst, und Tage, an denen der größte Kritiker, die negative Stimme in dir, sich wieder meldet und die Oberhand gewinnen will. Du wirst gegen diese Stimme ankämpfen müssen.

All dies gehört dazu, ist Teil deiner Reise und muss dich nicht beunruhigen. Lass mich dies mit einer alten, überlieferten Geschichte klarmachen:

Ein junger Mann ging zu einem Meister: »Meister, ich fühle mich so wertlos, was kann ich tun? Die Leute sagen, ich sei nicht talentiert, ich würde alles falsch machen, sei ungeschickt und dumm. Meister, wie kann ich ein besserer Mensch werden? Was kann ich tun, damit meine Mitmenschen mich mögen?«

Der Meister sagte: »Tut mir leid, ich kann dir jetzt nicht helfen. Ich muss gerade meine eigenen Probleme lösen. Vielleicht später ...«

Der Meister überlegte kurz und schob hinterher: »Weißt du, wenn du mir helfen würdest, mein Problem zu lösen, ginge es schneller und ich könnte dir dann helfen, dein Problem zu lösen.«

Der junge Mann sackte in sich zusammen, weil er sich schon wieder abgelehnt fühlte, und stotterte: »S...s...s...ehr gerne.«

Der Meister zog einen Ring von seinem Finger, gab ihn dem Jungen und sagte: »Nimm mein Pferd, reite in die Stadt zum Markt. Ich muss eine Schuld begleichen und dafür diesen Ring verkaufen. Du musst es schaffen, den höchstmöglichen Preis zu erzielen. Akzeptiere auf keinen Fall weniger als ein Goldstück für diesen Ring.«

Der junge Mann nahm den Ring und ritt davon. Auf dem Markt bot er den Ring etlichen Händlern an, die ihn interessiert begutachteten. Doch als der Junge den Preis nannte, lachten ihn einige aus, andere schüttelten den Kopf und gaben ihm den Ring zurück. Nur ein alter Mann erklärte ihm in Ruhe, dass ein Goldstück viel zu wertvoll für diesen Ring sei. Er würde maximal drei Silberstücke dafür bekommen. Doch der junge Mann durfte den Ring ja nicht für weniger als ein Goldstück verkaufen, lehnte das Angebot also ab.

Nachdem er 100 Händlern den Ring angeboten hatte, ohne ihn verkaufen zu können, ritt er frustriert zum Meister zurück. Er wünschte sich so sehr, ein Goldstück zu besitzen, um es seinem Meister geben zu können und ihn damit von seinen Sorgen zu befreien. Denn dann würde der ihm helfen, seinen Selbstwert aufzupolieren.

Beim Meister angekommen, sagte er geknickt: »Meister, es tut mir leid. Es ist mir nicht gelungen, jemand über den wahren Wert des Ringes hinwegzutäuschen.«

Der Meister überlegte und erwiderte dann ruhig: »Was du sagst, klingt spannend. Lass uns den wahren Wert des Ringes herausfinden. Steig wieder auf mein Pferd und reite zum angesehensten Schmuckhändler in der Stadt. Sag ihm, dass du den Ring verkaufen möchtest, und frag ihn, wie viel er dir dafür gibt. Egal, wie viel er dir bietet, hier ist die Regel: Du verkaufst den Ring auf keinen Fall. Du kommst mit dem Ring wieder und wir besprechen uns.«

Der junge Mann machte sich wieder auf den Weg in die Stadt, um den Schmuckhändler aufzusuchen. Der untersuchte den Ring genau, schaute ihn sich mit einer Lupe an und wog ihn. Nach einer endlos erscheinenden Zeit sagte er: »Richte dem Meister bitte aus, wenn er gleich verkaufen will, kann ich ihm nicht mehr als 49 Goldstücke für diesen Ring geben.«

»49 Goldstücke???« Dem jungen Mann fiel die Kinnlade runter.

»Ja«, antwortete der Schmuckhändler. »Mir ist bewusst, dass man mit etwas Geduld sicherlich auch 55 Goldstücke als Verkaufspreis erzielen könnte, doch wenn es ein Notverkauf ist, biete ich 49. Das ist mein erstes und letztes Angebot.«

Aufgewühlt ritt der junge Mann zum Meister zurück und erzählte, was geschehen war. Der Meister hörte sich den Bericht seelenruhig an. Dann schaute er dem jungen Mann tief in die Augen und sagte ganz ruhig und bedächtig:

»Du bist wie dieser Ring. Ein Schmuckstück, kostbar und einzigartig. Genau wie bei diesem Ring kann nur ein Fachmann

> deinen wahren Wert erkennen. Warum irrst du durch dein Leben und erwartest, dass jeder Mensch um deinen Wert weiß?«
> Dann streifte er sich den Ring wieder über den Finger und verließ den Raum.

In dieser wunderbaren Geschichte stecken so viel Wahrheit und Weisheit, dass ich dem nichts hinzuzufügen habe. Mach dich auf deine Reise zu dir selbst, lerne dich anzunehmen, wie du bist, und dich selbst zu lieben. Es ist der Weg zu deinem wahren Ich und der direkte Pfad zum inneren Frieden. Wenn du inneren Frieden hast, bist du frei.

IMAGINATION 3 – In die tiefe Selbstliebe kommen

> Ich lade dich an dieser Stelle zu einer wunderbaren Selbstliebe-Imagination ein, die eine stärkende Wirkung für dich haben kann.
> Lass uns diese Selbstliebe-Imagination zusammen machen. Sie hilft dir, dich selbst voll anzunehmen, die Liebe zu dir selbst zu vertiefen. Eine Imagination, die dich in einen Zustand des absoluten Vertrauens in dich selbst und das Leben bringen wird. Ich nehme dich mit auf eine Reise, auf der du dir selbst begegnest und dich mit einem vollkommen neuen Blick betrachtest: dich selbst neu anschaust, deine Schönheit, deine Einzigartigkeit, das Außergewöhnliche in dir erkennst, deine Fähigkeiten und Talente wahrnimmst. Du verbindest dich in tiefer Liebe und Empathie mit dir selbst.
> Du wirst dich mit dir selbst versöhnen, dir selbst vergeben, dich selbst fest in den Arm nehmen.

> Bitte lass uns diese Imagination jetzt gemeinsam machen, bevor du weiterliest. Downloade dir bitte anschließend das Dokument »In die tiefe Selbstliebe kommen«. Beides findest du unter:
>
> **christian-bischoff.com/bewusstheit**

Sorge bitte dafür, dass dich niemand und nichts ablenken kann (Handy, Lärm und so weiter) und genieße diese Imagination und die anschließende Reflexion.

Danach hast du ein solides Fundament, um deinen Weg in die Selbstliebe und Eigenakzeptanz erfolgreich zu gehen.

Alle Fortgeschrittenen haben die Möglichkeit, die tiefe, weiterführende Imagination zum Thema Selbstliebe und die energetischen Erfahrungen, die du machst, wenn du vollkommen mit dir im Reinen bist, in unseren Seminaren selbst zu erfahren.

11

Werde innerlich frei für dein neues Leben

Unsere gemeinsame Reise auf deinem Weg zu dir selbst hat dich bestens vorbereitet für dein neues Leben. Bevor ich dich nun vertrauensvoll deinen Weg allein weitergehen lasse, möchte ich dir noch etwas Wichtiges mit auf den Weg geben. Für die Veränderungen, die du in deinem Leben wünschst und ab sofort in Angriff nimmst, brauchst du innere Freiheit.

Du brauchst einen wunderbaren Bauplatz für dein neues Lebensgebäude: hell, sonnig, fruchtbar, mit herrlicher Aussicht auf deine Zukunft. Der Schutt von gestern, das alte windschiefe Haus, was hier vielleicht noch steht, muss beiseite geräumt werden, und zwar gründlich.

Aber wie schaffst du das am besten?

*

Wir alle haben uns eine Lebensgeschichte gebaut, an die wir glauben. Während wir unser Lebensgebäude in vielen Jahren errichtet haben, haben wir nur das für unseren Bau verwendet, was uns wirklich wichtig erschien. Alles andere haben wir ausgeblendet. Das ist ein ganz normales Filtern, das unser Gehirn für uns erledigt. Denn stell dir vor, du würdest alles im Gedächtnis behalten, was du durchlebst.

Es gibt Menschen, die ein fotografisches Gedächtnis haben und darunter entsetzlich leiden, dass sie nichts vergessen können. Das ist eine Störung der Gehirnfunktionen. Wir können nicht mit allem leben, was ständig auf unsere Sinne einstürzt. Wir müssten uns ständig schützen vor einem Schwall von Sinneswahrnehmungen, der uns schier wahnsinnig machen würde.

Wir haben eine selektive Wahrnehmung, das heißt, wir nehmen bewusst nur das auf, was für uns wichtig ist. Und meist sind dies Eindrücke oder Erlebnisse, die mit Emotionen verknüpft sind. Das haben Hirnforscher und Psychologen in vielen Experimenten herausgefunden.

Lass es mich an einem Beispiel deutlich machen:
Ulla ist depressiv und hat Probleme, im Leben zurechtzukommen. Sie erzählt zur Erklärung ihre Lebensgeschichte, aus der ich hier nur drei Punkte herausnehme:

> »Ich bin in Hamburg zur Grundschule gegangen. Da hatte ich eine Lehrerin, die mich nicht mochte und mich das jeden Tag hat spüren lassen. Deshalb habe ich nie gelernt, Selbstvertrauen aufzubauen.
>
> Als ich in der sechsten Klasse im Gymnasium war, hat sich meine Mutter von meinem Vater getrennt. Ich blieb bei meiner Mutter und habe immer die Liebe meines Vaters vermisst.
>
> Nach der Schule wollte ich eine Ausbildung machen. Ich habe mich bei zwei Dutzend Unternehmen beworben, doch ich wurde überall abgelehnt. Keiner wollte mich.«

Erzählen diese Aussagen zum Teil die Lebensgeschichte von Ulla?
Nein!
Dies ist die Geschichte, die Ulla sich über sich selbst erzählt. Sie gibt jedem Ereignis eine negative Bedeutung, und dieser negative Einfluss zieht sich bis heute durch ihr gesamtes Leben. Es ist Ullas »Propagandageschichte« von sich selbst, die sie »ihr Leben« nennt.

Sie identifiziert sich damit und fügt sich mit dieser Legende immer wieder Schmerzen zu, um sich dann selbst bemitleiden zu können.

*

Stell dir nun Sybille vor: Sie hat genau das Gleiche wie Ulla erlebt, doch sie erzählt es so:

> »Ich bin heute so erfolgreich, weil ich schon in jungen Jahren große Herausforderungen zu meistern hatte. Diese Erfahrungen haben mir geholfen, an mich zu glauben und meinen eigenen Weg zu gehen.
>
> In der Grundschule hatte ich zum Beispiel eine Lehrkraft, die mich nicht mochte. Deshalb habe ich mir innerlich immer gesagt: ›Wenn du mich nicht magst, habe ich eben Spaß mit meinen Freundinnen, den kannst du mir nicht nehmen.‹
>
> Als ich in der sechsten Klasse im Gymnasium war, haben sich meine Eltern getrennt. Ich fand das schade, habe aber gelernt, damit zu leben. Ich blieb bei meiner Mutter. Ich weiß, dass mein Vater mich immer geliebt hat und bis heute über alles liebt. Wir haben uns zwar nicht viel gesehen, doch im Herzen habe ich ihn immer gespürt. Ich weiß, dass er stolz auf mich, seine Tochter, ist.
>
> Richtig spannend wurde es nach der Schule. Ich habe mich beworben und leider viele Absagen auf meine Bewerbung bekommen. Das hat mich am Anfang total frustriert. Doch dann habe ich gemerkt, dass jede Absage mich ein bisschen mehr motiviert hat, nicht aufzugeben. Ich wollte es allen zeigen.
>
> Also habe ich beschlossen, mich früher oder später selbstständig zu machen und richtig erfolgreich zu werden. Und das ist mir gelungen.«

Zwei Frauen, die das Gleiche erlebt haben, es jedoch völlig unterschiedlich interpretieren. Du hast in diesem Buch erfahren, wie du mit *Bewusstheit* vermeiden kannst, das, was dir geschieht, negativ zu sehen. Du hast gelernt, die Chancen auch in dem zu sehen, was dir im Leben an Unangenehmem begegnet.

Solche Erlebnisse prägen uns, weil wir besonders häufig an sie denken und sie damit in unserem Kopf permanent und immer wieder erleben – mit allen Gefühlen, die damit verbunden waren. Das machen wir so lange, bis diese Ereignisse unsere Wahrheit, unsere gefühlte Realität sind.

Und dann nennen wir das, was angeblich in der Vergangenheit passiert ist, unser Leben. Doch was wir unser Leben nennen, ist in Wirklichkeit eine Geschichte, die wir uns ganz oft erzählt haben.

Jeder Mensch macht das unweigerlich. Weil unser Gehirn nun einmal so funktioniert. Sobald du dir diesen Prozess bewusst machst, kannst du vermeiden, dir eine negative Geschichte über dein Leben zu erzählen und sie zu glauben.

Die Art der Geschichte, die du dir über dein Leben erzählst, hat einen großen Einfluss auf deine Gefühlswelt und damit darauf, ob du innerlich frei bist oder nicht.

Ich möchte dir noch ein Beispiel von mir selbst erzählen:

> Ich bin mit sechzehn Jahren von zu Hause ausgezogen, weil ich Basketballprofi werden wollte und ein Bundesligaverein in München mich unter Vertrag nahm. In München besuchte ich ein Internat, um parallel zum Training zur Schule zu gehen und eine schulische Betreuung zu haben.
>
> Bis vor Kurzem hatte ich diese lebensverändernde Entscheidung, mit sechzehn Jahren alleine von zu Hause auszuziehen, so in Erinnerung: Meine Mutter war dagegen, dass ich in so jungen Jahren ausziehen wollte. Mein Vater war dafür und hat sich damals durchgesetzt. Ich durfte gehen. Meiner Mutter

habe ich dann später vorgeworfen, dass sie meine Basketball-Profikarriere verhindern wollte.

Diese Version meiner Erinnerung habe ich ihr neulich erzählt, als wir uns wieder einmal zum Essen trafen. Sie hörte mir geduldig zu und sagte dann:

»Christian, das stimmt so gar nicht. Für mich war es in Ordnung, dass du auszieht. Ich wollte nur nicht, dass du alleine in einem Apartment lebst, was der Verein ursprünglich vorgeschlagen hat. Ich habe den Verantwortlichen gesagt: ›Der Junge kann nicht alleine für sich sorgen, er ist zu jung mit sechzehn Jahren. Ich möchte, dass er in ein Internat oder in eine Gastfamilie kommt. Dann kann er gehen und seinem Traum folgen.‹«

Und so kam es dann auch. Der Verein kümmerte sich um ein Internat, und so zog ich nach München.

Meine Erinnerung war also falsch gewesen, und ich hatte, bis ich über 40 Jahre alt war, an »meine« Geschichte geglaubt. Natürlich habe ich mich dann bei meiner Mutter für meine falsche Wahrnehmung entschuldigt. Mit dieser falschen Geschichte hatte ich mir selbst Schmerz zugefügt und eine Zeit lang (unbewusst) Abstand zu meiner Mutter gehalten, weil ich immer geglaubt hatte, meine Mutter wolle meine Basketballkarriere verhindern.

Geschichten aus der Kindheit spiegeln die begrenzte Sicht eines Kindes beziehungsweise Jugendlichen wider. Die Welt der Erwachsenen nehmen Kinder und Jugendliche ganz anders wahr als die Erwachsenen selbst.

Sie können noch nicht alles verstehen, weil ihnen viele Informationen und auch Lebenserfahrung fehlen. Sie nehmen das wahr, was für sie in ihrem Entwicklungsstadium gerade wichtig ist. Alles andere blenden sie aus.

Daher ist es unerlässlich, dass du als Erwachsener mit *Bewusstheit* und aus deiner neuen Perspektive heraus anschaust, welche Geschichten du dir immer noch aus deiner Kindheit erzählst. Sprich mit anderen darüber, die diese Zeit auch erlebt haben. Geschwister mit geringem Altersunterschied erzählen oft völlig verschiedene Geschichten über ein und dieselben Ereignisse in ihrer Familie.

Wenn du im Leben durchstarten möchtest, wenn du innerlich endlich frei sein willst, trenne dich von deiner negativen Geschichte.

Es gibt nur wenige Menschen, die sich eine fast durchweg positive Geschichte über ihre Vergangenheit und damit ihr Leben erzählen. Das sind Menschen, die wir als Glückskinder bezeichnen, weil in deren Leben alles zu gelingen scheint. Doch wahrscheinlich sind sie zu einem großen Teil »Glückskinder«, weil sie Glückskinder sein wollen.

Als mir das bewusst geworden ist, habe ich mit Ende 20 entschieden, mir eine durchweg positive Geschichte über meine Kindheit, meine Vergangenheit und alles, was ich erlebt habe, zu erzählen.

Diese positive Geschichte nenne ich »mein Leben«. Jedes »negative« Ereignis, an das ich mich erinnerte, habe ich in dieser Geschichte so gedeutet, dass es mir Kraft, Mut, Energie, Selbstvertrauen, Liebe und alles, was ich emotional für die Zukunft brauchte, gegeben hat. Ich habe einfach die Entscheidung getroffen, ein Glückskind – beziehungsweise heute ein Glücksmensch – zu sein.

*

Du hast die Wahl, dir nun deine eigene Lebensgeschichte vorzunehmen und so zu interpretieren, dass daraus eine positive Geschichte wird, die dir helfen wird, unbelastet und voller Freude in deine Zukunft zu gehen.

Die Gedanken, Anregungen und Werkzeuge dafür hast du auf deiner Reise mit mir in diesem Buch erhalten. Nutze sie und werde innerlich frei!

BEWUSSTHEIT

Selbsterkenntnis
Selbstbewusstsein
Selbstvertrauen
Klarheit
Zuversicht
Selbstliebe
Intuition
Empathie
Lebensfreude
Positives Denken
Wertbewusstsein
Mentale Stärke
Physische Energie
Mut
Willenskraft

Kraftlosigkeit
Mutlosigkeit
Selbstzweifel
Pessimismus
Misstrauen
Freudlosigkeit
Angst
Wut
Missstimmung
Traurigkeit

Öffne dein Herz und empfinde Lebensfreude

Erinnerst du dich an deine erste große Liebe? Oder erlebst du sie gerade? Der Zustand, verliebt zu sein, ist einer der schönsten überhaupt im Leben. Dein Körper läuft zur Hochform auf, du fühlst dich fantastisch und hast unbeschreiblich viel Energie. Du musst kaum etwas essen. Das ist für dich in dieser Phase eher unwichtig, denn deine primäre Energiequelle ist offenbar nicht die verspeiste Nahrung.

Deine Energie beziehst du jetzt aus deiner Begeisterung für den Menschen, in den du dich verliebt hast.

Eine ähnlich unerschöpfliche Kraft entwickelst du, wenn du eine neue berufliche Tätigkeit ausübst, die dir sehr, sehr viel bedeutet. Oder wenn ein neues Projekt, sei es beruflich oder privat, dich so begeistert, dass du morgens schon euphorisch aufstehst, den ganzen Tag mit Begeisterung bei der Sache bist und dich abends auch noch fit fühlst.

Es gibt ein Energiereservoir mit einem Energiehahn, den wir auf- und zudrehen können – unabhängig von unserer Kalorienzufuhr, die allerdings nicht eingeschränkt sein sollte, weil das ungesund ist.

Dieses Energiereservoir ist unsere Herzenergie. Unsere Herzenergie ist eine unfassbar starke Energiequelle, wenn sie frei fließen darf.

Warum spüren viele Menschen nicht, dass sie über diese unerschöpfliche Energiequelle verfügen?

Der Grund dafür ist: Sie blockieren diese Quelle unbewusst. Sie haben ihr Herz verschlossen. Sie haben nach Erlebnissen, die ihnen Schmerz zugefügt haben, bildlich gesprochen Steine genommen und eine Mauer um ihr Herz gebaut, um es vor weiteren Schmerzen zu schützen. Beim einen ist die Mauer noch niedrig, bei anderen schon so hoch, dass sie praktisch unüberwindbar geworden ist. Nichts kann sie mehr verletzen, aber umgekehrt beziehen sie auch keine Herzenergie mehr aus ihrem Reservoir. Und oft vergessen sie einfach, dass es existiert.

Geh einmal mit *Bewusstheit* durch eine deutsche Fußgängerzone. Schaue den Menschen, die dir entgegenkommen, ins Gesicht. Welche Grundstimmung nimmst du bei vielen wahr?

…

Ja, genau so ist es!

Woher kommt das?

Weil die meisten Menschen im Laufe ihres Lebens immer mehr ihr Herz verschließen und die Energie nicht mehr fließen kann.

Wir leben in einer Leistungsgesellschaft. Unser Kopf wird schon vor der Grundschule trainiert, logisch zu denken und Wissen aufzunehmen. Doch unser Herz, unsere emotionale Intelligenz, trainieren wir vergleichsweise wenig. Je verkopfter wir werden, desto mehr verschließt sich unser Herz. Umso weniger kann unsere Energie frei fließen.

Unsere Herzensbildung ist nicht nur wichtig, um unsere Energie frei fließen zu lassen, um Freude empfinden zu können. Ein offenes Herz zu haben hält auch gesund – nicht nur psychisch, sondern auch physisch, denn Körper und Seele stehen in einer Wechselwirkung zueinander, wie du sicher weißt.

Ein Seminarteilnehmer hat mich einmal gefragt:

»Christian, wie ernährst du dich eigentlich?«

Worauf meine Antwort war:

»Lass uns erst einmal festlegen, was Ernährung ist. Es sind erst mal vier Stoffe: feste Nahrung, Flüssigkeit (Wasser!), Sauerstoff und *unsere Gedanken*. Auf der Basis dieser Definition ernähre ich mich sehr, sehr gut. Weil ich die zwei wichtigsten Komponenten *Sauerstoff* und *Gedanken* über die Atmung und mein Mindset, oder nenn es Glaubenssätze, sehr gut im Griff habe. Da macht es dann auch mal nichts, wenn du mal eine ›schlechte‹ Mahlzeit zu dir nimmst.

Doch das Allerwichtigste ist der fünfte Stoff, mit dem ich mich ernähre: *die Herzenergie!*«

Diese Herzenergie steht dir jeden Moment seit deiner Geburt zur Verfügung. Sie ist grenzenlos. Jede Sekunde ist sie für dich da. Du kannst sie jederzeit nutzen. Es ist egal, wo du herkommst, wie alt du bist, wie dein Leben bisher verlaufen ist. Öffne dein Herz – und erlaube deiner Energie, frei zu fließen.

Einer meiner Mentoren ist Jens Corssen. Ich nenne ihn den »Grandseigneur der Persönlichkeitsentwicklung«. Jens Corssen ist siebenundsiebzig Jahre alt. Wir saßen vor Kurzem bei einem Italiener und haben Projekte besprochen. Jens war voller Lebenskraft und Energie, zum Teil euphorisch wie ein Kind. An sieben Tagen in der Woche ist er immer noch aktiv – mit siebenundsiebzig Jahren. Weil seine Lebensenergie fließt und sein Herz offen ist.

Wenn deine Lebensenergie frei durch dich hindurchfließen kann, wenn du mit deinem Herzen deine Alltagsdinge erledigst, wenn du das Leben liebst und in Liebe zu dir jeden Morgen aufstehst, in Liebe zu dir für das, was du tust, und in Liebe zum Leben, dann könntest du sieben Tage die Woche beschäftigt sein, wenn du wolltest.

Du bist viel länger leistungsfähig. Du brauchst weniger zu essen. Das ist die gesündeste Ernährung der Welt.

*

Es gibt eine wunderbare Geschichte, die ein Meister seinen Schülern erzählte:

> »Jeder Mensch braucht Liebe. Liebe ist genauso Teil der menschlichen Natur wie Essen, Trinken und Schlafen. Manchmal sind wir vollkommen allein, betrachten einen wunderbaren Sonnenuntergang und denken: ›Diese Schönheit macht keinen Sinn, weil ich sie mit niemandem teilen kann.‹

> In diesen Momenten solltet ihr euch fragen: Wie häufig seid ihr um Liebe gebeten worden und habt euer Herz einfach verschlossen? Wie oft habt ihr Angst gehabt, euch jemandem zu nähern und ihm oder ihr ins Gesicht zu sagen, dass ihr verliebt seid?
>
> Hütet euch davor, euer Herz zu verschließen. Wenn der Sonnenuntergang und die Schönheit der Natur für euch keinen Sinn zu haben scheinen, findet die Liebe in euch wieder. Weil ihr wissen müsst, dass es mit Liebe wie mit allen spirituellen Segnungen ist: Je mehr ihr davon zu geben bereit seid, umso mehr werdet ihr im Gegenzug davon empfangen.«

Warum haben die meisten Menschen keinen Zugang mehr zu ihrer Herzenergie?

Warum ist ihr Herz verschlossen?

Und wie bekommen wir wieder Zugang zu dieser Herzenergie?

Wir hören überall die Ratschläge: Folge deinem Herzen. Hör auf dein Herz.

Auf sein Herz zu hören hört sich sehr harmonisch und herzlich an, doch dieser Weg ist alles andere als leicht. Um den Weg des Herzens zu gehen, brauchst du einen festen Entschluss, konsequentes Handeln, Hingabe. Und das ist mit Mühen und Schmerzen verbunden.

Es ist überhaupt nicht einfach, das zu leben, wonach sich unser Herz sehnt. Die Stimme des Herzens hat nichts mit Vernunft zu tun. Nichts mit analytischen Betrachtungen, zwischenmenschlichen Erwartungen und gesellschaftlichen Werten. Die Stimme des Herzens ist ein sehr leiser Impuls, eine zaghafte Stimme, die aus unserem tiefsten Inneren kommt.

Nochmals: Warum folgen die meisten Menschen nicht der Stimme ihres Herzens?

Als wir noch ganz klein waren, haben wir alle diese innere Stimme gehört. Wir haben gespürt, wie die Kraft des Lebens frei durch uns geflossen ist. Wir konnten unseren Ursprung fühlen. Wir wollten als eigenständiges kleines Wesen Erfahrungen sammeln. Wir waren in einer natürlichen Leichtigkeit. Wir hatten Urvertrauen.

Dann kam Schritt für Schritt die Realität des Lebens, und wir haben den Zugang zu unserer Herzensstimme verloren. Bei den meisten Menschen geschieht es, wenn sie sich mit den Eltern identifizieren, vor allem mit der Mutter. Unser Fokus wandert ganz langsam ab – weg von unserem Selbst-Bewusstsein, hin zu dem, was andere Menschen denken, fühlen, sagen und tun.

Unsere Aufmerksamkeit wird nach außen gelenkt, und wir kommen in Kontakt mit etwas Fremdem. Wir kommen in Kontakt mit unserem Umfeld und seinen moralischen, religiösen, gesellschaftlichen und sozialen Werten und Ideen. Aus unserem Selbst-Bewusstsein wird so schrittweise ein Fremdbewusstsein. Dieses Fremdbewusstsein prägt uns fortan.

*

Der Preis dafür, dass Menschen die Verbindung zu ihrem tiefsten Innern, zu ihrem Herzen nicht mehr bewusst spüren, ist tiefe Verunsicherung. Sie weckt den Drang in uns, nach materiellen Sicherheiten zu suchen. Wir werden süchtig nach Konsum. Wir gehen Dingen im Leben nach, die mit unserem eigenen Wesenskern nicht mehr viel gemein haben. Das machen wir nur, um Geld zu verdienen und das Konsumspiel mitspielen zu können. Je mehr wir uns von unseren wahren Gefühlen entfernen und uns der Vernunft ausliefern, desto mehr gehen wir selbst im Fluss des Lebens verloren. Wir verlieren unseren Lebenssinn aus den Augen und die Freude am Leben an sich.

*

Schauen wir uns Kleinkinder an. Dann wird uns schnell klar, was wir verloren haben und wiedergewinnen müssen mit unserer Herzenergie.

Kleinkinder denken nicht an Gefahr. Sie sind extrem neugierig, und diese Gier nach Neuem führt dazu, dass sie ständig aktiv sind: Sie beobachten gründlich und scharf. Sie hören alles, stecken alles in den Mund, um es zu spüren, wahrzunehmen. Sie wollen die Welt be-*greifen*.

Kinder haben eine hemmungslose Art, Gefühle zu zeigen. Egal welche. Sie schreien, wenn ihnen etwas fehlt. Ihre Augen und ihr Mund werden groß, wenn sie sich freuen. Sie lachen und können sich kaum beruhigen. Und wenn sie sich ärgern, werfen sie sich schreiend auf den Boden, stampfen, brüllen, verweigern sich völlig.

Wenn ein Kind irgendwo hinwill, interessiert es sich nicht für den Weg, sondern nur für das Ziel. Der Blick wird fest auf das Ziel geheftet, und dann wird losgekrabbelt. Wenn sie dabei auf die Nase fallen, wird kurz geweint, und weiter geht es. Kinder sind zielorientiert.

Und Kinder freuen sich über alles und jeden. Eine Schnecke kann schon Anlass sein für große Freude, und wenn sie sich nicht freuen, staunen Kinder zumindest.

Kinder lernen extrem viel in extrem kurzer Zeit – ganz anders als Erwachsene. Hinzu kommt, dass die meisten Erwachsenen kein Interesse an einer Weiterentwicklung haben. Das Kind aber hat noch eine starke Verbindung zum Ursprung und seiner Urenergie. Das Kind hört noch auf seine Herzensstimme. Und wir? Je älter wir werden, umso mehr verlernen wir es, der Stimme unseres Herzens zuzuhören.

*

Wie kommst du dazu, deiner Stimme des Herzens wieder zu folgen?

Indem du mit *Bewusstheit* die Fragen beantwortest, die ich dir in einem Fragenkatalog am Ende dieses Kapitels zusammengestellt habe. Und indem du dann mit deinen Antworten dir dieses Buch noch einmal vornimmst und Schritt für Schritt deinen individuellen Weg suchst und findest. Am Ziel könntest du Folgendes sagen:

»Ich bin, wie ich bin, egal, was um mich herum ist. Egal, was ein anderer tut oder macht. Ich lasse los und gebe mich dem Fluss des

Lebens hin. Ich teile, was ich habe, und gleichzeitig verstelle ich mich nicht mehr – und das ist liebevoll gemeint. Mit meinen Mitmenschen werde ich liebevoll umgehen. Aber Anforderungen der Art an mich, wie ich *zu sein habe*, was ich *sagen soll* und was nicht, wie ich mich *zu verhalten habe*, all diese Anforderungen werde ich *nicht mehr* berücksichtigen. Weil ich mich nicht mehr verstellen und von anderen bestimmen lassen will. Denn von nun an werde ich der Mensch sein, der ich sein will, und so sein, wie ich sein will – echt und authentisch, frei und voller Lebensfreude!«

Ich, Christian Bischoff, wünsche dir von ganzem Herzen, dass du der wirst, der du sein willst, und so wirst, wie du sein willst!

12

Der Weg zur Herzensstimme

Wie du wieder auf deine Herzensstimme hören kannst:

- Warum suchst du immer wieder Anerkennung im Außen und von anderen?
- Welche deiner Sehnsüchte sind fremdbestimmt? (Beispiele: Berufswahl, Besitz und so weiter)
- Welche Ziele wurden dir von außen, durch andere eingepflanzt? (Beispiele: von Eltern, Medien, Vorbildern)
- Wie weit sind deine Gefühle, Gedanken und Handlungen abhängig von dem, was andere tun oder sagen?
- Was tust du aus Rücksicht auf deinen Partner/dein Umfeld?
- Was unterlässt du aus Rücksicht auf deinen Partner/dein Umfeld?
- Wie gehst du damit um, wenn du etwas finanziell Wertvolles verlierst?
- Welche Erwartungen hast du an deinen Partner, deine Kinder, deine Eltern, deinen Chef, deine Freunde?
- Erlaubst du dir zu beurteilen, was andere tun?
- Hast du Ängste, Zweifel, Vernunftgründe, die dich davon abhalten, Dinge zu tun, nach denen du dich sehnst?
- Wovon lässt du dich aufhalten, das zu tun, was du tun möchtest?

Nimm dir Zeit, diese Fragen in Ruhe schriftlich zu beantworten. Und nimm dir noch mehr Zeit, deine Antworten zu analysieren.

Du wirst klar erkennen, wo du kopfgesteuert agierst, wo du dich immer weiter von deiner wahren Essenz entfernst, was du fremdgesteuert machst, weil du dich von außen, von anderen bestimmen lässt.

So lebt ein Mensch, der sein Herz für das Schöne, Gute und für andere Menschen öffnet:

- Du fühlst dich immer sicher und vertraust dir selbst.
- Du hast Sinn für das Schöne und die Natur; du siehst überall Positives in der Welt.
- Es zieht dich zu dem hin, was friedlich, schön und harmonisch ist.
- Du erfreust dich an allem, auch an Kleinigkeiten.
- Du empfindest tiefe Dankbarkeit für dein Leben.
- Du betrachtest dich selbst und andere Menschen wohlwollend.
- Du redest niemals schlecht über andere.
- Du siehst immer das Gute in dir und anderen Menschen.
- Du schätzt menschliche Werte wie Güte, Vertrauen, Empathie an anderen und an dir selbst.
- Du hast keinen Drang, an finanziell wertvollen Dingen festzuhalten.
- Du lebst im Hier und Jetzt, bist möglichst immer präsent.
- Du akzeptierst, was vergangen ist, ohne dass du ständig über die Vergangenheit redest.
- Du gestaltest deine Zukunft selbst.
- Dir macht es Freude, liebevoll und aufmerksam mit deiner Familie und deinen Freunden umzugehen.
- Du lernst gern andere Menschen kennen und hörst ihnen gerne zu.
- Du liebst es, immer wieder etwas Neues kennenzulernen, und empfindest es als Bereicherung deines Horizonts.
- Deine Grundstimmung ist Lebensfreude, die du dir von Menschen und Ereignissen nicht so leicht nehmen lässt.
- Du lebst gerne mit den Menschen, aber nicht auf deren Kosten.
- Du kannst genießen, was du dir erarbeitet hast.
- Du beziehst eine schier grenzenlose Energie aus deiner Freude am Leben.

Wenn wir unser Herz öffnen und unser natürliches Wesen entfalten, finden wir zu uns selbst und werden innerlich reich. Das wünsche ich dir von Herzen!

Damit neigt sich unsere Reise dem Ende entgegen.

Ich möchte dir zum Abschluss eine wundervolle Herz-Imagination schenken, die dir die Türen öffnet, um wieder Zugang zu deiner Herzenergie, ihrer Kraft und deiner Herzensstimme zu bekommen.

Wir haben mit dieser Imagination bei unseren Seminarteilnehmern unglaublich positive, ja sogar regelrecht transformierende Erfahrungen gemacht. Menschen, die jahrelang im Kopf »gefangen« waren, die nur kopfgesteuert, gefühlsblind durch die Welt gegangen sind, haben sich innerhalb kürzester Zeit wieder selbst gespürt, ihre Gefühle wahrgenommen und sie zum Ausdruck bringen können. Die Teilnehmer konnten so ihre seelischen und viele körperliche Schmerzen beseitigen, haben ihre Lebensfreude wiedergefunden – ja sich regelrecht selbst geheilt.

IMAGINATION 4 – Die Herz-Imagination

Lass uns unsere gemeinsame Reise mit dieser wundervollen Herz-Imagination beenden. Diese Imagination kann dein Herzzentrum vollkommen öffnen und deine Liebesenergie frei fließen lassen, wenn du sie immer wieder machst, bis du die Auswirkungen spürst.

Du findest die Imagination unter

christian-bischoff.com/bewusstheit

Mach diese Imagination jeden Tag und erlebe, wie in deinem Leben Wunder geschehen.

Die Herz-Imagination ist eine tiefe Erfahrung. Es ist wichtig, dass du sie so lange machst, bis du wirklich die Auswirkungen spürst. Du solltest während der Herz-Imagination nicht bewerten, wie sie dir gelingt, damit du nicht enttäuscht bist, falls du den beschriebenen Zustand nicht gleich beim ersten Mal erreichst.

Die Herz-Imagination verbindet dich mit deinem tiefsten Inneren, wenn du sie immer wieder machst. Am besten täglich fünf bis zehn Minuten, zwei bis drei Wochen lang.

Schau dir Gegenstände in deiner Wohnung, im Garten oder in der Natur an und empfinde für alles bewusst Dankbarkeit und Wertschätzung.
    Schau dir Menschen und Tiere an und empfinde für sie Dankbarkeit und Wertschätzung. Dankbarkeit und Wertschätzung mit *der* Intensität, zu der du im Moment in der Lage bist. Und wozu du in der Lage bist, das ist genug.
    Mach das so lange, bis du Dankbarkeit und Wertschätzung nicht nur »denken«, sondern auch wirklich fühlen kannst, bis du eine tiefe Verbindung zu Tieren, Menschen und Gegenständen geschaffen hast.

Erlaube es, dass Wunder in deinem Leben geschehen.
Ich wünsche dir eine heilsame, herzstärkende Reise.

Was ich dir noch sagen möchte

Ich durfte bis heute sehr viele Menschen dabei unterstützen, ihr Denken, Fühlen und Handeln selbst in die Hand zu nehmen, durch mehr Bewusstheit ihre eigenen Potenziale zu entfalten und so ein authentisches, lebensdienliches Leben zu führen.

Diese Arbeit mit Menschen ist meine Mission und mein Lebenssinn. Dafür stehe ich ein.

Vielen Dank, dass du dieses Buch gelesen hast und dass ich dich auf deiner Reise begleiten durfte.

Dir ist bewusst geworden, wie du der Mensch wirst, der du sein möchtest. Wie wichtig in diesem Zusammenhang Selbstwert und Selbstvertrauen sind und wie du Selbstakzeptanz und Selbstliebe entwickeln kannst. Eine entscheidende Hilfe dabei sind die Imaginationen, die ich für dich entwickelt und eingesprochen habe. Sie sind unerlässlich für deinen Entwicklungsprozess.

Du kannst sie dir kostenfrei downloaden, ebenso das Video und die Übungsblätter. Bitte logge dich dafür auf meiner Website ein:
www.christian-bischoff.com/bewusstheit

Ich wünsche dir viele Erkenntnisse und denk dran:
Erst passiert die Entwicklung in deinem Inneren,
unsichtbar für alle anderen.
Dann geschieht diese Entwicklung im realen Leben,
sichtbar für dich und dein Umfeld.

Ich freue mich, wenn wir uns auf einem meiner Seminare persönlich kennenlernen.

Dein Christian

KOMPETENT, ENERGIEGELADEN, LEBENSVERÄNDERND!

Hörbuch gesprochen vom Autor

Vier Imaginationen mit Musik:
- Wer und wie möchte ich wirklich sein
- Dankbarkeit empfinden
- In die tiefe Selbstliebe kommen
- Herz-Imagination

plus 125 Minuten Imaginationen mit Musik
7 Audio-CDs (1 Multibox + 1 Jewelcase)
Laufzeit: ca. 480 Min.
2020, cc-live, ISBN 978-3-95616-476-7
29,95 €

SCHNELL, EFFEKTIV, LÖSUNGSORIENTIERT!

Digipack
ISBN 978-3-424-20099-7

Anhand von authentischen Geschichten und zahlreichen Praxisbeispielen erzählt Christian Bischoff, wie du deinen Lebensweg selbstbewusst gestaltest – um dein Meisterwerk zu hinterlassen.

GEH DEINEN WEG!

»Mangelndes Selbstvertrauen ist der größte Erfolgs- und Glücksverhinderer, den es gibt.«
Mit Motivation und innerer Stärke die eigenen Grenzen und Ängste überwinden und das eigene Potenzial ausschöpfen – glaubwürdig und kompetent vermittelt Christian Bischoff, wie wir im Leben das erreichen, was wir uns vorgenommen haben. Ein differenzierter und tiefgründiger Wissensfundus an sofort umsetzbaren Strategien und klaren Konzepten.

288 Seiten, gebunden mit Schutzumschlag,
ISBN 978-3-424-20098-0

SO ERREICHST DU DEINEN GRÖSSTEN TRAUM!

In allem das Gute zu sehen, lautet eines von Christian Bischoffs Motivationsgeheimnissen. Zu erkennen, dass alles im Leben für und nie gegen einen geschieht, ist eine zentrale Lektion, die uns hilft, den nächsten großen Schritt nach vorn zu wagen. Intensives und konsequentes Handeln ist alles, was es dafür braucht.
Christian Bischoff zeigt, wie wir auf die Überholspur des Lebens gelangen – direkt und ohne Umwege!

128 Seiten, Flexobroschur
ISBN 978-3-424-20190-1

Informationen zu Seminaren mit Terminen und Orten findest du unter:

www.christian-bischoff.com